業力覺醒

揪出我執和自我中心
擺脫輪迴束縛的根源

Good Karma

How to Create the Causes of Happiness and Avoid the Causes of Suffering

Thubten Chodron 圖丹・卻准

雷叔雲——譯

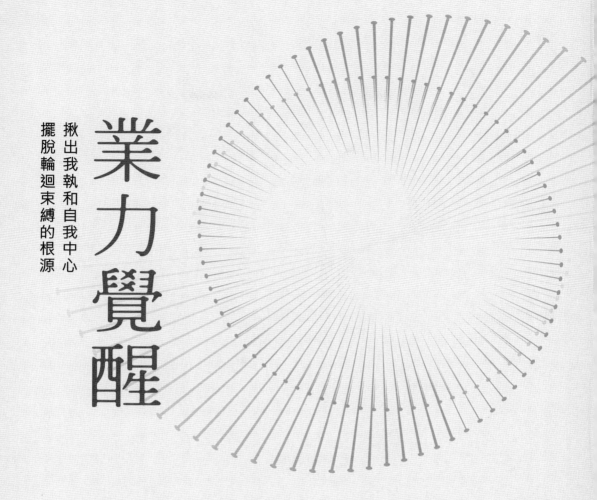

只要虛空仍在，
只要還有眾生流轉其中，
我誓願長久住世，
精進不懈去除眾生的痛苦！

——寂天菩薩《入菩薩行》❶

願我愛眾生，
並願我愛眾生勝於愛己。
願眾生的罪業感果於我身，
並願我的善業咸感果於眾生。

——龍樹菩薩《寶鬘論》❷

編按：○為原註；●為譯註。

❶如石法師在《入菩薩行譯注》譯為：「乃至有虛空，以及衆生住，願吾住世間，盡除衆生苦。」

❷仁光法師從藏文譯為漢文的《中觀寶鬘論頌》譯為：「於生如愛命，隨彼極愛我，衆罪咸歸我，我善施衆生。」

目次

【譯者序】

修心的利器之輪

雷叔雲

尼泊爾，初來乍到的年輕行者，生活條件已經夠艱苦了，卻還雪上加霜，感染了A型肝炎，她埋怨粗心的廚房爲什麼沒洗淨蔬菜和碗碟！到了歐洲，酷寒的冬季來臨，因買不起電熱器取暖備嘗艱辛，她想，修行爲什麼這樣舉步維艱？

這位行者——後來成爲圖丹．卻准法師——有幸及時找出了答案：「我所感得的經驗就是自己業行的果報！」原來疾病的主因是過去不愛護生命；錢不夠用，是因爲緊繃、吝嗇、害怕的心態！她學到必須積極護生、布施，張開緊握的拳頭。

以上是本書作者卻准法師的親身經歷。她爲什麼能走出這些困頓躓踣的低谷，逐漸向峰頂挺進？轉折的關鍵在於一部論典，因爲論中花了很長的篇幅，反覆質問我們：爲何「惡業的利器回轉我身」？

利器之輪

這部論典就是《劍輪修心法》，又名《命中仇敵要害的利器之輪》，以偈頌寫成，共一一六頌，爲法護尊者所造，後由阿底峽尊者自印度帶到藏地，加以弘揚，成爲藏傳佛法中重要的修心法要。傳說法護尊者造論的場景是猛獸環伺的叢林野地，那外在的險惡條件恰如一則隱喩：不但是五濁惡世的縮影，也是我們內心險惡環境的映照，即「這一大袋裝著業和五毒❶的臭皮囊，讓我們身陷業的輪迴泥沼」（第五十三頌）。本論用了三分之二的篇幅來鋪陳這一世所感得的各類業果（第九至四十七頌），並探討業果的成因（第四十八至八十九頌）。我們至此明白，惡業的利器使我們生生世世遍體鱗傷，險象環生，而我們此生最大的功課，就是揪出背後的黑手：我執和自我中心❷，磨銳修心的利器，擒賊擒王。

本書則是《劍輪修心法》的講記，因此以內容比例最重的業力和業果爲書名。「有業有報」是世間正見，能次第過渡到「緣起性空」的體認，是最需要穩紮穩打的部分。這部論典當然不止於此，接下來話鋒一轉，開始鼓勵我們轉煩惱爲菩提，回向一切眾生皆速證菩

❶貪、瞋、無明、嫉妒、驕慢或慳吝，本書中有詳說。
❷亦有譯為我執和我愛。

提，並了知緣起，「當一滴水一滴水注滿水桶時，既不是最初一滴水的功勞，也不是最後幾滴水、或個別的水滴所注滿，而是由眾緣和合而成」（第一一一頌），又知緣起生滅如幻，沒有實性，業力和業果也不例外，猶如芭蕉、泡沫、霧氣、陽燄、鏡像、雲煙（第一〇四頌）。於是力修空慧，證悟無「所」無「能」，生死與涅槃無二無別，等觀一切法空。而在最後空性慧的部分，尊者又三次叮嚀：「在這幻相中，我會恪遵戒行」（第一〇六、一一〇、一一二頌），可以說本論從下士道、中士道，直趨上士道，然後回頭強調，業力與業果雖栩栩如生，其實如幻如化，儘管如幻如化，卻仍有作用，我們必須尊重因果業報的法則，老實接納，一切修行才破土動工！這麼一來，我們便可精勤去除苦和苦因，創造樂和樂因，修行世俗菩提心和勝義菩提心，「圓滿福慧二資糧，圓滿自利利他行」（第一一六頌）！

全論結構

《劍輪修心法》的結構大致是：

一、初義

禮敬三寶，說論名，禮敬本尊。

二、論義

修心之法——勇士從來都在苦林中成就（第一至第八頌）

感知苦果——惡業的利器回轉我身（第九至四十七頌）

發現苦因——致命刺向我執和自我中心兩個仇敵（第四十八至第八十九頌）

決意根除不善根源——願煩惱轉爲證悟的因緣（第九十至九十三頌）

發慈悲心——願一切眾生速證菩提（第九十四至一〇〇頌）

修無我義——等觀一切皆空（第一〇一至一一六頌）

三、末義

論名、造論者、造論之地、傳承和感恩之情。

致謝與回向

本論向以七言頌文譯出，今譯者以長短不拘的語體文來呈現，以期更貼近現代讀者的語言習慣。在此尤其銘心感謝卻准法師將本論介紹給西方讀者。譯者曾隨同法師前往北加州戒護最嚴密的聖昆汀監獄弘法，法師的慈悲心和善巧說法，是我親身見證的。

此外，感謝圖丹・淡求法師（Thubten Damcho，舍衛精舍的比丘尼，卻准法師的中文口譯者）和翁仕杰師兄（前台灣西藏交流基金會副祕書長，現專事藏傳佛法的教學和翻譯）提供中譯藏傳佛教用語的寶貴意見，兩位熱心護法的精神，我深深讚嘆！

若有人因本講記而受益，一切功德屬於法護尊者、阿底峽尊者、圖丹・卻准法師，以及歷來弘揚本論的大德。若有譯不到位、粗窳疏漏之處，一切過失歸於譯者。若有任何功德，願回向眾生菩提心普皆覺醒！

序言

每本書的背後，都有一個故事——書是怎麼寫出來的？爲什麼寫？在此，我先講一部分故事，另一部分第一章再談。我當年是一個遇見了法——也就是佛陀的法教——的西方年輕人，事隔多年後，竟成了向人們介紹佛法的人。以此經驗而言，我很清楚：業力（行爲）法則的作用及其影響，不易了解但又必須了解。據說只有佛才清楚業力複雜的運作細節。初學佛法的人或修行幾十年的人，對業力運作，及如何應用於生活，常心存疑問，幸好佛陀和佛世後的大師留下豐富的言教，開示業力和業果的知識，讓我們能累積樂因、遠離苦因。

其中一位慈悲的大成就者——法護大師（Dharmarakshita）❶，是《命中仇敵要害的利器之輪》（*The Wheel of Weapons Striking the Vital Points of the Enemy*）偈頌❷的作者，此偈頌又稱《劍輪修心法》（*The Wheel of Sharp Weapons*，西藏語爲 blo-sbyong mtshon-cha 'khor-lo）❸，屬修心（lojong）的藏傳佛法法脈。這些法教有益我們訓練內心，應用慈悲和智慧，將違緣

❶亦有譯為「法鎧」。
❷梵語偈陀，此譯為頌。梵漢雙舉云偈頌，吳音也。梵之偈陀如此方之詩頌，字數句數有規定，以三字乃至八字為一句，以四句為一偈。
❸亦有譯為《利器之輪》。

轉道用。不僅能運用於生活，如果修行得法，還能降低焦慮、恐懼和憂鬱的負面情緒，轉化成睿智的接納、對自他的慈悲，及從輪迴和困境中覺醒，因而產生解脫的智慧。

這部偈頌，一般咸認為是十世紀末的印度聖者法護大師所作，大師是印度聖者阿底峽（Atisha, 986~1054）尊者的老師，尊者曾振興了西藏的佛法。可惜我們對於法護大師的生平知之不詳，有人說他是毗婆沙部（Vaibhāṣika）的大師，有人說他是大菩薩住持①。據說阿底峽尊者曾在印度飛行寺（Odantapuri）的寺院大學❹拜他為師。

藏傳佛法中的修心法教可追溯至阿底峽，由他傳到西藏噶當巴派的格西（Kadampa Geshes），再傳承到今日的大師們。葛旺．多傑格西（Geshe Ngawang Dhargye）和蔣巴．羅卓格西（Geshe Jampa Lodro）是我最慈悲的上師，我從他們那裡接受法教。

鳥瞰

我們拜讀法護大師的偈頌前，應先了解佛法的世界觀：人類於輪迴中遍嘗苦果，並非外界人事物使然，而是我們內心的無明、瞋心和執取造成。此觀點於第二章再討論。

第三章〈勇敢的孔雀，怯懦的烏鴉〉介紹大威德金剛（Yamantaka，智慧的文殊菩薩威德相）和菩薩，菩薩發心為度眾生而證佛果，本章運用利他心切的菩薩與我們這些凡夫來做對比。法本的核心從第四章開始，法護大師一再告訴我們，生活中常見逆緣並非隨機事件，也非眾生的過錯，而是我們自我中心的行動造成，於是我們了知只要改變自心和行爲，便有力量從痛苦中學習，改變生命經驗，如此，即能轉化逆緣爲成佛之道。第五章繼續討論相關內容，包括如何面對疾病、放逸和散亂的方法。第六章，則檢視修行上的障礙及對治方法。

第七章〈捉住敵人：認識我執和自我中心〉揪出主嫌是自我中心和我執，應學大威德金剛——智慧和利他的體現——幫助我們踩、踏這些內在的敵人。第八至第十章更深一步探討，指出我們的錯誤行爲和思考方式，並加強決心，培育慈心、悲心、**菩提心**以及認清究竟實相的智慧，好剷除錯誤。

第十一章〈終於安全了〉，討論皈依三寶的利益，並建立我們內心的力量。此爲第十二章的序曲，第十二章剖析慈悲行的方法，如何成爲理想的人，即不會被自我和無明遮蔽的人，從此引領我們邁入第十三章，培育空性的智慧，理解無自性空和緣起互補不相矛盾。第十四章是末義，以阿底峽激勵人心的詩作和回向完美總結。後續則是建議書單。

---

①有關《劍輪修心法》造論者法護大師的更多事蹟，見倫珠梭巴格西（Geshe Lhundub Sopa）的《毒草谷中的孔雀》（*Peacock in the Poison Grove*）一書中 Michael Sweet 和 Leonard Zwilling 的引言。

❹亦有作「能飛聚落」，位於印度比哈爾邦一帶。西元八世紀中葉，為放羅王朝開國之君哥波羅王（Gopala）所建，與附近的那爛陀寺、超戒寺共為金剛乘的中心。

感謝

寫此書時，我收到法友的請求，請我寫一本書解釋業力的來龍去脈，這本書雖不像阿毗達摩或菩提道次第的經論，述說不同形態的業力、業力的力量和業果等等，但此書用最務實的方法闡釋業力。法護大師率直地引導我們了解：自己的行爲不僅僅是類別裡的小項目和編號的清單——當然這絕對有助於理解——其實我們整天都在造業並且感果，業力在我們生命裡環環相扣，而且，訓練自己了知這一點，可以轉化生命。我們會細心揀擇，了解過去的行動、現在的體驗和未來的情況，全由心所造，於是更具正念，思慮也更周詳。

禮敬佛陀，這不凡法教的源頭！禮敬法護大師、阿底峽尊者和西藏的聖者，發展出此修心法門！同時，我永遠感謝葛旺・多傑格西教導此法本，讓我覺醒！還有眾多老師，包括達賴喇嘛、星澤・瑟貢仁波切（Tsenzhap Serkong Rinpoche）、梭巴仁波切（Zopa Rinpoche）等等，繼續指引並教導我，多奇妙，他們從未放棄駑鈍的我！我也很感謝廚房裡沒洗淨蔬菜的義工，導致我感染A型肝炎，如果沒有這次的事件，我的修法可能早就中止了。也非常感謝圖丹・金巴格西（Geshe Thupten Jinpa）翻譯《劍輪修心法》。本書如有錯誤，我一概承當。

圖丹・卻准比丘尼於舍衛精舍

二〇一五年六月二日

1

病倒了：發心

我與這本偈頌有非常特殊的因緣，它以迅猛且驚人的方式影響了我的生命。一九七六年，我是一個佛法的初學者，住在尼泊爾加德滿都外圍的柯槃寺（Kopan Monastery）修學佛法。不料我竟染上了A型肝炎！虛弱異常，皮膚變黃，我非常憤怒——這是西藥無法治癒的病。這個病擊潰了我的身、心，更讓人沮喪的是，因爲A型肝炎會影響肝臟，根據藏醫說法，與膽素和瞋念有關。朋友好心帶我去加德滿都看一位順勢療法醫生，開了一些藥。回柯槃寺的時候，我太虛弱了，朋友揹著我爬回山上的寺院。那個年代，計程車罕見又遠，更何況我也負擔不起。

當時我住的宿舍，地板由不相契合的木片釘成，如果有人在樓上掃地，灰塵會從地板的間隙落到樓下的人身上。沒有廁所，只有戶外茅坑——就是地上的一個坑，加上兩片橫搭的木板，四周用草席圍起來。夜裡，我們必須小心找路，以免掉到坑裡。我實在太衰弱，從房間走到茅坑，簡直像爬埃佛勒斯峰那般遙遠。我一點力氣也沒有，整天都躺在房裡。

我生病臥床的時候，有人給了我《劍輪修心法》，這本小冊子由印度達蘭薩拉西藏文獻與檔案圖書館出版。那時我還有力氣翻閱書頁，翻到第九頌，就愣在當下。

是惡業的利器回轉我身
因爲我過去傷害他人的身體
自今以後，我將一肩承當一切病苦

那時，我還一直將疾病和不適，歸咎於廚師沒有洗淨蔬菜，助手沒有洗淨碗碟。現在法護大師告訴我：這就是業行的果報！我讀到這裡，才看清這場病是源於自己的業行——也許是在前世造下的——我傷害了他人的身體！也許是我幼時的業力：曾把花園的蝸牛疊起來，然後開心地踐踏牠們，還自認是除害蟲，做好事。也可能是我在夏天裡打蒼蠅，這又是另類的樂趣。

即使我的不幸是源於自己，並不代表我就該受苦。業力不是懲罰的入場劵呀！不是這樣的，而是：我不能再把不幸怪罪別人，不管我對他人做了什麼，現在都回轉到我身上了，即使是遺忘或不知道是哪一樁惡行成熟而受苦，我都必須對從前的行爲負責。其實這也不重要，因爲我知道自己肯定不是天使。《劍輪修心法》讓我明瞭：業力就像回力棒，無論我們做了什麼都會回轉自身，感等流果。

那個時刻對我的修行，可謂是一個轉捩點。以前我一向認爲：「佛法很好，我**應該**修行。」但是我常懶於修行，現在看來，我不幸的經驗正是我自己行爲的後果，而且可以溯源到我內心的無明、瞋心和執取。我現在**想要**修法了，**應該**和**想要**的區別很大，**想要**是智慧，**應該**只是軟弱的義務。回顧染上A型肝炎，我非常感謝生病這件事，因爲它改變了我對生命和修行的觀點，而走上正道。四十年後，正道仍利益著我和他人。

我大病初癒的期間，仍非常虛弱，尼泊爾政府決定讓柯槃寺的外國人離開，不再延期簽證，那是一九七六年的五月或六月，正是雨季前，一年中最熱、最濕悶的月份，一般人都不會在此時從加德滿都跋涉到印度達蘭薩拉，因爲必須在山路搭大巴士數天，還有那塞爆的火車。我當時只是行者，還不是比丘尼，但是西方的僧團將我庇護在他們的羽翼下，緩緩地拖著我上山、下山，穿過平原又上山，到了達蘭薩拉，我們終於能跟隨慈悲睿智的西藏上師，繼續修學佛法。

那時，他人的善心也給我許多實境的法教，讓我好奇前世做了什麼，才能造就善因。也許你會好奇：「爲什麼是前世呢？」因爲我是讀了《劍輪修心法》，才警覺到自我中心的運作，清楚此生並沒有造這樣的善因。由於覺知他人的善心，加強了我對於法護大師的信心：「**踩它！踏它！**在自我中心和我執這**叛徒頭上跳舞！**」同時珍惜他人，懷著歡喜心盡力助人。

發心

要從研讀經論或聆聽開示中獲得最大的利益，必須打開內心。我們應思惟這個法教，確定理解正確，並銘記在心，正如以鏡子顯示內心的狀況。

本書的法教除了描述業果，也教授如何發菩提心，願度一切眾生而證得佛果。書中也闡釋了如何轉違緣爲道用，於是我們的經驗都成了成佛之道的一環。

我們的發心是決定業果的主因，如果只尋求此生的世間快樂，目標看似達到了，其實並沒有。然而當我們的目標超越了此生的特定範圍，而發願投生善道、從輪迴解脫，或證得佛果，那麼這些業行，就會帶來相應的果報。這就是「業力不失壞」的意義：快樂來自善行，而非不善行，苦果從不善行累積，而非善行。善行和不善行的主要區別，是依存於行爲背後的發心。

至於業力（行爲）法則的運作，我們只要做人假惺惺，就被命運宣判了。在平日僞裝成好人，也許成功騙過別人，拿到想要的東西，但如果目標是自淨其意，這個策略就失效了。業果主要由發心決定，而不是依他人評論而定。修行人需要誠懇，對自己誠實。

我們若想培養誠實的勇氣，必須思惟自我中心的過患，曾受眾生之恩，以及珍視他人有益於自他。若眼見眾生的不幸，我們便訓練自心，以慈心希望他們得到快樂和快樂之因，也用悲心希望他們解脫痛苦和痛苦之因。我們用這樣誠懇的意向，培育利益眾生的決意，若要最切實地救度眾生，我們必須發心證悟成佛——因爲發菩提心，始終都是眾生快樂和成功的源頭。

2

我們浮沉的世界：佛法的世界觀

深入鑽研《劍輪修心法》之前，必須先簡要解釋我們在輪迴中的生命：我執和自我中心造成逆緣，解脫和成佛是理想的寂靜境界，修行佛法則能轉化內心，進入如此境界，這就是《劍輪修心法》的法教脈絡。

一般而言，我們自視是有獨特本性、眞實的個體——自我，或稱靈魂，我們周遭的每個人、每件事，看來都是客觀的「眞實」，他們獨立存在，與外界毫無關係，這就是我執的觀點，其實人事物都是流動的、變化的、依著其他因素而現起，無明卻把一切定格爲「實在」的、獨立的、「確有其事」的客觀事物。

同時，「自我中心」會想：「我是世上最重要的人，每件事都該照我的意思來。」以此看來，我們的任務就是要從外在的世界走出自己的路，於是可以遇見樂因，避免苦因。畢竟，安全感、舒適感和成功非常重要。

這樣的想法在許多方面都非常狹隘，其一是：只看重自己，總想著：**我**要什麼？什麼會讓**我**快樂？地球上有七十億人類，而我們只關心一個人，既然每人都這樣看世界，誰才最重要？那可有得爭了。爭執造成家庭失和甚至戰爭，就是這種觀點使然。

另一個缺點是，假定生命只有此生，如此，每件事情就只是現況而已，但是我們只要略爲反思就明白，其實生命是流動的。試問你自己：「我和兒時一個月大的我是不是同一人？」我們的身心，已不再是照片中的那個小嬰兒了，然而，有一種連續性會把我們的嬰兒狀態和現在的成人狀態連在一起，同樣的，也有一種連續性，在我們死後還會繼續下去。

我們稱爲「我」（主體我和受體我，I and me）的存在，只是依著身和心而假名施設的。我們的身體是物質，其連續性可以追溯到父精母血，我們也有個心——認識的、覺知的、情緒的部分，屬非物質形式，如果追溯心的連續性，每個心識剎那之前都有前一個心識剎那——一直向前推，便推到了受孕的時刻，那時的心也有一個因，即精卵結合之前的心識剎那——前一世的心。雖然前一世的身、心、自我都不相同，心還是有連續性。

從一個心識剎那追溯到前一個剎那，從一世追溯到另一世，便會看到，在生死輪迴中生成許多不同的身體，輪迴即指在無明、煩惱、業的控制下感得身心。輪迴不是外在的環境，而是我們身心的狀態。

俗話說：「小心許願，別不小心就成眞了！」舉例來說，臨終時，我們還想要另一個身體，我們就得到了。爲什麼在臨終時想生成另一個身體呢？有身體會讓我們感覺眞實。我們在身體的基礎上，創造了許多執著的身分，要是沒有這些身分，我們會感到相當失落。

是什麼讓我們的心一次又一次投生呢？基本的原因就是無明，這是一個心所，誤認了現象是如何存在的。我們一旦執著一個「眞實的我」，以爲我們的身心是客觀而且獨立存在於一切事物之外，就會生起煩惱：凡能帶來享樂的，我們生起貪愛；會干擾快樂或帶來痛苦的，我們生起瞋心；對於擁有比我們富足的人，感到嫉妒；對不如自己的人，生起高慢；對和我們同等級的人，又產生競爭心。

因爲執取「眞實的我」，依據身體創造了身分，我屬於這個種族、這個族裔、這個國籍、這個性別、這個性向、這個年齡、這種性感程度、這種體力及運動能力的程度。也根據自心，創造另個身分：「我非常有天賦。」「我很笨。」「我很有創意、善於表達、情緒化、沒什麼教育程度。」等等。因爲執著這些身分，我們就對肯定或威脅自己身分的事，以貪心或瞋心反應。

受到不善心所的鼓動，於是採取行動——即「造業」。有時候我們密謀去得到所想要的，有時候說不體己的話，有時我們也許會偷竊，會利用性行爲來傷害自己或他人，這些行動都在我們的心流中——也就是心識的連續性——留下殘餘成分，可以稱爲「業種」。一天之內，我們的心流會種下不同的業種，全看自己不同的意向和行爲。臨終時，哪一業種成熟，心流就被吸引到那一種的身體類型，於是我們就受生了。有時，即使有仁慈的意向及相應的行爲，卻因無明仍然存在，而讓我們投生於輪迴。無明的行爲會影響投生的種類、趣向、經驗、慣性思考模式和行爲。

我們臨終時，對此生生起貪愛，心流中一些業種成熟了，使一個特定的投生趣向有吸引力。我們承受新的身心，又執著新的生命體。當我們的六根接觸到不同的六境，感到樂受、苦受，或不苦不樂受；對於樂受生起貪愛，對於苦受生起瞋心。我們想要離苦得樂，再次去奪取希求的，摧毀或遠離不愉悅的外境；對不苦不樂的感受，則冷漠視之，只轉而注意他處去了。慈心、悲心和智慧的行爲，未來必感樂果；而貪、瞋、癡的行動，必帶來苦果。

輪迴沒完沒了。我們生成一個個身體，一再感受病、老、死。生、死之間，我們努力去取得想要的，避免不想要的，但是從未成功，不想要的痛苦，總是來到跟前。

這就是生死輪迴，無始以來我們一再體驗。從佛法的觀點來看，輪迴沒有起始點。輪迴並非由外界造物主創造，現象生起都有自身的原因，而每一個現象的運作，也一定有主因和助緣。因此，起始點是不可能有的，每一個現象都有因有緣。

花時間和精力去找尋起始點，註定徒勞無功。佛陀舉了一個例子，鼓勵我們應該務實：如果有人被箭射中，尚未醫治，就堅持要知道是誰造的箭？箭的速度多快？從哪裡射來？這個人必死無疑。最好先面對眼前的狀況，馬上治療傷口。同樣的，如果我們太鑽研起始的理論，還來不及面對痛苦和苦因，生命就溜逝了。不如直接處理使人痛苦的煩惱最有益。

經驗由心造

心創造經驗有兩種方式：第一，內心的煩惱會推動行爲，在心流中留下業種，最後業果成熟，已如前述。第二，念頭在每一剎那都影響我們的感受。如果自認受到不公平待遇，便不開心、生氣。如果思惟他人對我們的慈心，認爲他人是友善慷慨的，情緒便風清日朗了。我們可以做簡單的練習：觀察在每個情緒背後的念頭，看這些念頭——而非外在情況——如何影響我們或苦或樂的情緒和感受。

煩惱生起的當下，心就處於痛苦的狀態：貪愛讓我們不知足，或恐懼失掉所執著的人事物。嫉妒在內心產生燃燒的感覺。慢心會攪起掉舉。瞋心可能供給不少能量，然而內心卻不平靜、不快樂。

這樣一來，煩惱在我們內心生起的時候，就會攪動內在的平靜。更有甚者，它們推動了未來感得苦果的行爲，而這又是更多煩惱生起的沃土，能造更多的業，引來更多失控的投生，這就是輪迴的意義。一旦明瞭，我們便會抗拒貪、瞋、癡三毒，也會希望從苦況中得到解脫。

解脫第一步，就是反轉世間八法——即毒害此生，並種下未來世業種的四對情緒反應。第一對是利、衰，喜歡接受並擁有錢財和物質，如果得不到或失去，就灰心喪志。第二對是毀、譽，喜歡接受讚美或認同，一旦遭受責怪或反對，就忿忿不平。第三對是稱、譏，喜歡擁有好聲譽，如果聲名失壞就不快樂。第四對是苦、樂，喜歡愉悅的景象、聲音、氣味和觸感，如遇到不愉快的感官經驗就不快樂。

我們可以思惟：這四對世法如何影響你一生？從早到晚，甚至在睡夢中，大部分的時間和精力都花在想取得錢財和物質、贊同和讚美、好聲名和愉悅的感官經驗，而避免相違的人事物。對四種愉悅事物的貪愛，和對四種不愉悅事物的憎惡，強大有力，逼使我們做出不道德的行爲，以便獲得愉悅而遠離不愉悅。甚至當我們奪取後，貪愛之心又會產生執取，製造更多問題。得不到時灰心喪志，因此憂鬱、暴怒，做出傷人的行爲，製造自身痛苦。

這八種世法也分散修行的專注力，一些計畫、焦慮和擔憂，消耗了我們的時間和精力，誘人涉入不善行：與他人爭執、奪取人財、不智不悲地以性爲手段、說謊、讓人際失和、說惡毒的話、八卦、懷著惡意的念頭、追求邪見，使內心沒有空間讓善心所——如眞誠的慈心、悲心、慷慨布施、戒行、安忍、喜悅、禪定或智慧——生起。

這八種世法尤其會讓人用不正確的理由去做正確的事，腐蝕修法。例如我們內心散亂，卻坐著禪修的姿勢，非爲解脫，只是想讓別人覺得自己是個修行人。又例如捐款慈善團體，不是想利益受助者，而是希望外界看自己富有慷慨。

世俗的生活和法的行動

世俗行為和佛法行為之間的區別，就是有或無八種世法。減弱這八種世法，是活出修行生活的第一步，這需要時間、持續精進和平靜的心，我們開始關心自己將再一次的投生，關心如何創造善因，以投生善道繼續修法。在此基礎下，就可以培育更多殊勝的發心，譬如從輪迴中解脫，或走上成佛之道，切實而長久地利益眾生。

眞正的修法，並不是表面上看起來在念誦禱詞、做大禮拜、披讀經論或看似莊嚴，而是監測或改進內心的現象，尤其是情緒狀態。只要馴服了心，我們的語業和身業也自然會進步。我們的心僅僅尋求這一世的快樂？還是想到未來、解脫、成佛？我們的注意力是否都集中自我之上？我們想的是長程的利益還是短期的欲樂？

總之，著眼點**僅僅**放在這一世和八種世法的行為，就是世間的行為，反之，尋求投生善道、從輪迴中解脫，或者成佛，就是法的行動。我們必須銘記在心，因為世間的行為和法的行為區別很大，我們很容易就回到舊有的慣性，去追求財富、讚美、好名聲和欲樂。

有時候，人們誤認修法必須放棄一切讓我們快樂的東西，其實，巧克力蛋糕、金錢和男朋友都不是問題，而是當我們面對這些人事物，若以貪愛、瞋恨、驕慢、嫉妒來反應，才是問題的源頭。換句話說，痛苦更深層的原因，並不是得不到想要的東西，而是想得到的那份迷戀、貪愛。只要我們放棄尋求「我現在就要快樂！」那種自我中心的貪愛，內心就立刻平靜而放鬆。

我們開始觀察內心，而且探究我們的念頭和情緒，就開始修行了。我在想什麼？我現在感覺如何？我情緒背後隱藏的故事是什麼？生起的心所是否如實？我有沒有美化一些人事物？我是否因爲會帶給我近利的目標，即使妨礙他人的幸福，或造成自己長期的問題，仍一心想達成？我是否高估了一些人所犯的錯？我對他人的期待是否不如實？

我們一旦開始誠心地去觀察內心，並探究念頭和情緒——尤其是容易生起的慣性念頭——我們就開始眞正的修法了。然後研讀佛陀的法教，我們就學到如何對治煩惱的方法、實際修行，並學著培育善的、如實的心所，這樣就會帶來現生和來世的快樂。進一步，我們更能在一時和究竟層面利益他人。生命中於是注入了意義和滿足，這樣的圓滿，比起財產和金錢、讚美或贊同、聲名和欲樂，來得更有意義。

業和業果

我們生活的各個領域都有因果律在運作——比如物理、化學、生物、政治、心理學、經濟、社會學。在這些領域，我們只要了解因果律，便可形塑我們的環境和經驗。除了這些因果律的系統，業力和業果的法則也影響我們。業力的法則（即身業、語業和意業）及其業果，牽涉到我們的道德層面。這就回答了以下的問題：我爲什麼生成現在這個樣子？爲什麼事情這樣發生？我的想法和行爲有什麼長遠的結果？業力和業果的法則，解釋了我們行爲和經驗的連結，也顯示道德爲什麼能使生命快樂。

業，就是「行」的意思，是從我們身、語和意發出的有意向行動。我們內心的計畫、語言的溝通，還有身體的行爲，前面都有一個意向。從因的觀點來看，若出於善的意向（如慈心、愛、悲心、智慧，友善等等）會帶來樂果，因此稱爲「善行」，而由不善意向所推動的（如憤怒，憎恨和貪心）稱爲「不善行」。於是我們可以看到，虛僞和操控的修行，沒有好處，就算別人看來是很好的，可是我們的意向是腐化的，被這些不善意向所推動的行爲也是如此。

我們也可根據遠程結果來區分行爲。佛陀運用宿命明看到有情眾生現生經驗的業因，他把帶來樂果的，標記爲**善業**；帶來苦果的，是**不善業**；帶來不苦不樂果報的，則稱爲**無記業**。因此，我們的行爲並非天生性善、性惡，它成善成惡，是看長遠的果報。佛陀並沒有發明業力和業果的法則，也不會賞善罰惡，只是向我們描述大自然的業力如何運作。

什麼是造成長遠痛苦的身業、語業和意業？佛陀體察到十不善行，其中三個是我們用身體造成的傷害（殺生、偷盜、邪淫），四個是用語言（妄語、兩舌、惡口、綺語），三個是由思想（貪、瞋、邪見）。我們僅僅不做十不善行，便可造善業。換句話說，例如我們要爆出惡口時，節制自己，不用惡言惡語來批評他人，就成爲一樁帶來快樂的善行了。將昆蟲小心帶到室外放生，不任意拍打或踐踏，也是善行。

此外，與不善行相反的行爲，便是造善業：拯救生命、保護他人的財產、智慧並慈悲地從事親密行爲、說眞實語、用語言創造和諧、說慈愛語、鼓勵他人從事善行、講話適時也適機、慷慨布施、慈心、寬恕和正見。

業力及業果法則有四種基本原則：第一，業是確定的，即樂果只會從善行而來；苦果只會從不善行而來。雖然特定行爲之所以成熟，並非固定或宿命，但不善行永遠只會帶來苦果，善行永遠只帶來樂果，因此，想爲我們傷人的不善行找尋合理藉口，說它們會帶來好報，只是徒勞無功。

第二，微小的行爲可以帶來非常強大而長期的果報，如小小的種子，有一天會長成巨樹，因此，我們不能對負面的行爲自我辯解，例如「只是一個小謊嘛！」同樣的，因爲懶惰，而認爲「這不過是一個小小的善行，沒什麼了不起，爲何要自找麻煩？」便失去了一個造善業的機會。

第三，如果我們不造因，就不會感果。我們就是自身經驗的造物主，而不是另一個人或外在的上帝。例如我們不偷盜，就不會感得貧窮或遭竊；如果我們不修行、不創造快樂之因，快樂就不會到來。大師都說，僅僅祈禱要得到世間快樂或成佛是不夠的，我們必須從行動上創造這些因。

第四，業種——也就是行爲之後，心流中的「餘習」——不會消失，我們絕對會感果，除非有阻礙的力量生起。如果做了不善行之後，從事淨化的修行，能讓果報弱些、短些，或晚些發生。最強的淨化修行，就是思惟實相的本質——自性本空。直接觀察它，可以根除心流中的不善業，永不感苦果。

瞋怒和邪見有阻礙善行感果的力量，延遲樂果或減少樂果的時間和強度，因此我們要特別小心，勿讓瞋怒或扭曲的觀念控制內心，而摧毀了未來的快樂。

我們的行動一旦完成了三支，就會成熟感果，成爲三種果報。完整業力的三支是意樂、加行和究竟。

(1) 意樂：指我們的動機，我們有一個善或不善的意向去做一件事。有一件確定的事或人是我們意向的目標，我們正確辨認出那人或那事。然後，

(2) 加行：我們親自做或勸請他人做。最後，

(3) 究竟：達到了我們當初目的。我們也很歡喜這個行動。

當我們行動的三支都完成了，就會感得三類果報，這些果報通常是在未來世，但是特別強的業行，也許會在這一世就出現果報。這三種果報是：

(1) 異熟果，我們在未來世所感得的身心。

(2) 等流果，有兩種，一種是感受等流果（也就是我們會經驗相似於我們讓別人經驗的行動），一種是造作等流果（也就是我們在未來世會一再造同樣的業行）。

(3) 增上果，是我們對居住地的環境或天氣的經驗。

以說謊為例。異熟果就是生於惡道，感受等流果就是他人對我們說謊，造作等流果就是我們一再撒謊的習氣。增上果就是住在比較猥瑣的地方，人們道德敗壞且不誠實。

《劍輪修心法》第九頌到第四十七頌講述我們現在感受到的不愉悅等流果，以及過去做了什麼行為會帶來這樣的果報。這些討論讓我們辨識出我執和自我中心是啓動煩惱的主嫌，

它們又讓我們過去所做的不善行，造成目前的逆緣。一旦了解這一點，就知道主因是我們自心，因此不再怪罪他人造成自身痛苦，未來也會更謹慎行動，因爲我們知道，目前的選擇和行動會創造未來。

第五十四頌到第八十九頌的重點在於造作等流果——潛藏的「我執」和「自我中心」，驅使我們一再重複慣性行爲和心態，創造了未來的苦因。一旦了知對於引導生命的價值和道德的戒律，會更用心。同時也能加強正知，因此對所想、所說、所做更加謹慎，三思而後行，是繼續行動？還是脫離？我們不再對選擇和行爲無自覺的「自動」運作，而是以智慧來引導生命。

總之，我們的心是經驗的創造者，如佛陀在《法句經》第一、二偈❶的開示：

諸法以意為前導，以意為主由意造。
若人透過汙染意，他或說話或造作，
從此痛苦跟隨他，如輪隨拉車（牛）之足。

諸法以意為前導，以意為主由意造。

若人透過清淨意，他或說話或造作，
從此快樂跟隨他，猶如影子不離身。

佛性：改變的潛力

因爲心創造經驗，所以只要去除輪迴的主因：貪、瞋、癡和不善業，便可從輪迴中解脫，這些煩惱遮蔽了心清淨的本性，但是可以去除。我們有佛性，即成佛的潛力。這是心的本性，佛性不會消失，我們也不曾與它分離。

佛性是什麼？在佛教教義系統討論不少，本書的觀點是根據中觀，大部分藏傳佛教認爲這是對實相最正確的描述。

佛性有兩種：性種性和習種性。性種性是心本自清淨：它自性本空，也就是說，心沒有實性。如果有實性，煩惱就會永住心的本性，與心分不了家，也永遠去除不了。然而，心既然沒有實性，就可以改變，煩惱永不再起。

如何做得到呢？如上所述，無明是問題的根源，因爲我們誤解了自己和其他現象的存

❶《法句經》譯本相當多，此採敬法法師所譯，第二修訂版，二〇一五年。

在，於是生起瞋、貪、嫉妒、欺騙、疑、邪見和其他不善心所。這些煩惱推動了業行，業種留在心中，待因緣和合而感果，成爲我們輪迴中的經驗。

無明是謬誤的心識——人和現象相互依存，我們卻以爲它們互不相干。我們培育智慧，一旦看到事情眞實的存在，就去除了無明。這個智慧直指人和法自性本空，沒有獨存性，因爲一切法依其他因緣條件存在。眾所皆知，我們的身體依著父母的身體，我們的心受到教育的薰陶，還有社會問題及解決之道，都由因緣而生。沒有一法單獨存在、獨立，而且與他法隔絕，一切法相互依存。

「智慧」可以認識到一切法自性本空，因爲都依因緣而生，和「無明」的認知相反。在「無明」看來，法有自性，「智慧」則了解一切法都無自性，因爲「智慧」如實了知一切法，「無明」無法與之抗衡。「智慧」直接看到法無獨存性，它在心中一現起，「無明」便不可能同時現起。等到「智慧」經由串習和精勤禪修，直接認識到法無獨存性，力道越強時，便能夠克服「無明」，將它從心流中根除。這樣一來，便證得涅槃和佛道。佛道的境界中，性種性化爲佛的自性法身——佛心和寂滅都空無自性。

第二類是習種性，這是清淨無染的心的種子，包括善法和無記法，可以轉化成佛的一切相智，這包括定、慈、悲、慧、信和其他善心所，是我們現在已有、卻還沒有培育出來的善心所。心的世俗本性，以及它的清明（明性）和覺性（覺知），也是習種性的一部分。它是無記的——煩惱並沒有進入它的本性——因此可以轉化爲善法。

每一位有情眾生都有兩種佛性。即使他在某一刻的行爲令人反感，但行爲不等同於他，邪惡或墮落並非天性。人有佛性，是可能改變的。因此我們必須尊重每一位眾生。

煩惱像清澈藍空上的浮雲一般，雖然浮雲暫時遮蔽了天空，但浮雲並不是天空的本性，它們稍縱即逝。天空清淨的本性還是沒有被染汙，雲朵可以移除，雖然我們不能控制天氣、有雲、無雲，但是能除去遮蔽的煩惱雲層，可以淨化負面品質，創造樂因和解脫之因，這便是本書的內容。

我們有佛性的事實，也意味著不會把自尊虛擲在瞬間即逝的因素——像是外貌、財富、運動或藝術能力、社會地位、他人贊同、聲名等等——這些勢必隨著時間流逝而消散。應立即把自信放在穩定的因素，即我們的佛性。無論我們是健康或生病、富有或窮困、被人感恩或忽視，我們的佛性都在，成佛的可能從未消失。

3

勇敢的孔雀，怯懦的烏鴉：評估我們的世界觀

現在我們要開始講解法本，請慢慢唸偈頌和長行，停下來想一想，每句偈頌在論理上是否說得通，是否適用於你生命中的例子。請從上述輪迴和業力及業果法則思惟每句偈頌。

禮敬三寶尊！

此教授名為《命中仇敵要害的利器之輪》。

禮敬大威德金剛大忿怒尊！

法護大師在卷首先**禮敬三寶尊**：佛、法、僧三寶。法寶（是苦和集的止息，以及可止息苦的道）是眞正的皈依，因爲心流中若是證悟了眞實的滅和道，可保護我們不再受苦。佛陀爲達到這樣的苦滅而教導道諦，因此，他是眾生的無上師。僧寶，直接證悟了實相的本性，因此在這條道路上成爲可靠的善知識。

我們和三寶的關係，就好比病人和醫生、醫藥、護士的關係。我們是病人，受著輪迴之苦：生、老、病、死、求不得、愛別離、怨憎會，我們希望恢復健康，卻無知於自己的病因和治療方法。佛陀是大醫王，可診斷我們輪迴之病的因——無明、煩惱、不善業，然後開立「法」的處方——戒、定、慧、慈、悲和利他。僧團是護士，鼓勵著我們，並協助我們服用藥物。這是三寶引導我們走向健康修行道路的方法。

當戰士面臨攻擊，會打擊**仇敵要害**，殺死敵人，以阻止人敵人做出傷害。菩薩尋求佛道時，要去除的致命傷害就是我執——執著人和法都有自性，還有它的幫凶：自我中心——認為自己的苦樂比其他人的苦樂都重要。本頌所教導的法，就形成了利器之輪，會攻擊並且殺害苦的源頭。

法護大師接著禮敬大威德金剛（象徵智慧的文殊菩薩的忿怒相），文殊菩薩的外表平靜而慈悲，大威德金剛卻非常嚇人，他的身體呈暗藍色，有九顆頭，和三十四條拿著武器和敵人身體部位的臂膀，有十四條腿踩在不同的動物和欲界天神上，站在烈焰當中，怒吼如響雷一般。

大威德金剛名字的意思是「制伏死魔閻摩天的大威德金剛」，他與輪迴的死亡抗衡。若要停止十二緣起的最後一個環節：死亡，就必須去除第一個環節：無明，無明引出業力，我們因此投生於輪迴。雖然諸法依因待緣——如它們的因緣和組成元素——而起，「無明」卻以為它們可以獨存。「智慧」認識到一切法有依恃的本質，否定它有獨存性和自性。因為「智慧」如實看待事物，因此能夠制伏無明，最終完全去除無明。

〇〇一

孔雀在毒林中昂首闊步，
雖然鄰近的藥草園非常芳美，
孔雀並不喜愛；
因為孔雀寧取毒草而滋益茁壯。

〇〇二

勇士（菩薩）趨行輪迴林中，亦如此行道。
儘管芳美藥草園賞心悅目，
勇士卻不生貪著，
因為勇士從來都在苦林中成就。

這樣詩意的譬喻中，孔雀象徵菩薩大士，叢林代表輪迴，毒藥是煩惱，尤其是貪、瞋、癡三毒，雖然孔雀有機會享受藥草園，牠們並沒有受到蠱惑，反而迴避藥草園而喜歡毒草。孔雀雖然住在凶險的叢林裡吃著毒草，卻不受傷害，反而茁壯了羽毛，顯露出美麗色澤，吸引我們。

同樣的，聖位菩薩（智慧足以觀察實相的菩薩）雖可遁入涅槃永不輪迴，卻因強大的悲心和菩提心，他們不住涅槃，而乘願留惑潤生，雖然他們身處輪迴，卻不被煩惱制伏，心中的餘惑令他們茁壯，並且轉化毒素成就佛道，因此，他們堪稱**勇士**。聖位菩薩不會被輪迴的喜樂引誘，平穩走在道上，爲成就無上佛果而利益眾生，即使遭遇困難，也能快樂安忍。他們不斷修行，由於其智慧的力量認清實相，加上菩提心助成，終能去除煩惱障和所知障。

大乘的成佛五道是：資糧道、加行道、見道、修道、無學道。低階菩薩在資糧道、加行道，尚未直接證悟空性，或開始去除煩惱。第一頌和第二頌所述的菩薩大士，在第三和第四道：見道和修道，見道時，他們第一次直接、非概念式體證萬法的究竟本性：自性空，在修道上加強了體證。在這兩道上，他們運用智慧，從心流上根除煩惱障和所知障。

煩惱障包括無明、煩惱（如貪愛、瞋怒、驕慢，嫉妒等等）、它們的種子以及在輪迴中受生的有漏業。煩惱障使人不能解脫輪迴。所知障則更細微、更難去除，包括隨眠無明和它所引起的二元境相，所知障阻礙我們成就佛道。

因爲聖位菩薩直接和非概念式地體驗空性，因此展開根除無明的過程，不再造有漏業，造的都是無漏業，這是被菩提心所激勵，其行動便成爲圓成佛道之因。聖位菩薩成佛的時候，就不再造業了。佛陀的行動稱爲「佛行事業」——他們的行動自然任運，救度眾生，引領眾生走上佛道。

我們凡夫跟菩薩大士不一樣，因爲我們會被輪迴中的欲樂所引誘。我們早上第一個念頭通常環繞在：「我今天要怎樣享樂？」喝杯咖啡、沖個熱水澡，或對早餐的渴望就能喚醒我們，一天所做的事，大都被自我中心啓動，尋求享樂和幸福。雖然我們口頭上不說，但動機就是：「哪裡有快樂和好處，我就要。哪裡有問題，就讓給別人吧！」雖然看似愚蠢，但如仔細觀察，會看到正是辨邪執和我愛執所想的。

如果身陷八種世法，輪迴就像幸福花園，我們高興在裡面玩耍。在過程中，我們用傷害自己的方式造了業種，把自己綁在輪迴裡，一再受生，於是經歷老、病、死，還有永不滿足的心。

聖位菩薩看穿輪迴有如幸福花園的炫麗境相，並看到欺騙的本質，知道這是藏汙納垢的淵藪，所以他們不追求那些欲樂、特權或浪漫愛情的炫麗，反尋求更高度的快樂和深層的生命目標。它們體認了三要道：⑴出離心：出離苦和苦因。⑵菩提心：利他意向，爲一切眾生，上成佛道。⑶空性見：正確認識實相，他們就可以在輪迴中受身，卻不受欺誑，能轉煩惱爲佛道。

在顯教（佛所說經中所記載的道）中，菩薩並不是眞把煩惱當做道，而是運用煩惱來利益眾生。舉例而言，他們可能有兒女，長大成爲菩薩，而且傳播佛法。在密宗（佛在密教所說的道）中──菩薩其實是用貪愛的能量，轉化爲道用，這是更深層次的修行。

〇〇三

狂熱追逐欲樂的人，
因為怯懦，而悲苦不斷。
欣然接受苦難的菩薩，
因為勇識，而恆常快樂。

我們凡夫受執取和貪愛所鼓動，**狂熱追逐欲樂**。我們想找安全感，希望他人滿足我們的需要。我們想控制他人，或鬼祟地操縱他人。想把世界和眾生都打造成心目中的境界。然而，我們從未成功，而且永不滿足。

在輪迴中，我們感受到了三種苦況：(1) 苦苦：這是沒有人喜歡的生理和心理痛苦，連動物也不喜歡──很容易出離。然而 (2) 壞苦：我們凡夫通常稱爲「快樂」，非常難捨棄，因爲我們以爲它是眞正的喜悅。當我們得到想要的東西（如晉升、新居、愛情、獎賞），以爲幸福到來了。然而如果這是眞正的快樂，應該不會消失，昨天帶給我們喜悅的人事物，卻在次日變成大問題。(3)行苦：受到無明、煩惱和有漏業所控制的身心，更難捨棄，因爲我們貪愛執取身體，視爲「自我」的根據地和眾多享樂的來源。

帶給我們痛苦的**怯懦**，是指我們的執取，這是一個心所，從外界的財產、人際關係、讚美、地位等等來尋求快樂，這種貪愛使我們不能面對「生命存有」（existence）的苦況以及貪執的過患。相反的，我們被輪迴中的欲樂所吸引，追求時造了更多的業，因此不斷受生。我們很怯懦，害怕如實見到執取到底是什麼，又害怕如果不跟隨執著，根本得不到快樂。正因爲我們怯於面對實相，因此**悲苦不斷**。

菩薩大士剛好相反，他們勇於對抗貪愛，不會追求輪迴中的快樂，他們與凡夫不同，不怕輪迴之苦。凡夫怕第一種苦，卻快樂地擁抱第二種和第三種，菩薩則希望根本解脫於三種苦，但如果非要體驗痛苦才能利益他人，他們也非常樂意，我們卻逃之夭夭。菩薩「恐懼」輪迴，並非凡夫逃避不安適般恐慌、焦慮。他們的恐懼是對輪迴的過患具有智慧覺性，推動他們去修道並從輪迴中解脫。這樣的恐懼輪迴有助於修道，因爲激勵著我們修法。

菩薩和凡夫不同，很樂意爲了更高的目標而承擔痛苦。他們對眾生具有安忍和慈悲心，以此學法修道，不怕困難，樂於為他人利益衝破難關，承擔不愉快的任務，內心充滿喜悅。

我們可以漸次訓練自心如菩薩般看世界，我們並沒有固定的個性，慣性的情緒和反應也不是鑄在石上。譬如有人請求我們去做不喜歡的任務，我們內心一定吶喊：「我不想做！」這時應先退一步反思：「菩薩遇到這個情況，會怎樣看待？」「如果我對每一位牽涉其中的人懷著慈悲心，會如何看待這個情況？」「如果我不只是一股腦兒地抱怨，還會有哪些其他選項？」在此，我們想像用更慈悲的心態和較廣闊的觀點來檢視，如此，我們的看法可能完全不同，因為哪有什麼天生就不愉快的情況？洗碗、幫朋友清理院子、跟前任配偶討論如何幫助我們摯愛的子女，有什麼困難可言？

接著我們思惟：「如果做一點小雜務，讓父母更輕鬆，不是很好嗎？」知道自己能讓他人幸福，再想像他人感覺如何，自己的感覺又有多好！我們發現，用真正的悲心去行動，會很喜悅。的確，研究人員發現，利他比自利更令人身心安康。

〇〇四

此處此時，欲樂有如毒林；

〔唯有〕孔雀般的勇士方能依其滋益茁壯。

若是烏鴉般的懦夫去嘗試，勢必因貪得無厭而殞命。
自我中心者，如何能以貪欲之毒為食？
若延伸〔這個譬喻〕到其餘煩惱，
如烏鴉〔以毒為食〕，必會喪失解脫的生命力。

此處指菩薩在佛道初始的階段，已培育了信心和慈悲，**此時**指他們已有進展，利他的慈悲心非常強大而且穩定，對實相也有正確的見解。這樣他們就有殊勝的能力，以執著欲樂來完成修道，卻不受染汙，就像孔雀可消化毒草，讓羽毛更光彩炫麗，聖位菩薩可與煩惱同在，藉此增加悟道的力量。

然而，如果烏鴉想吃毒草，是無法消化的，而且必喪命無疑。同樣的，自我中心的凡夫不能像菩薩一樣，如我們想用欲樂修道，就會被欲樂擊潰，做出不善行，喪失解脫的契機。正如烏鴉需要迴避毒草，我們也需要迴避煩惱。

當我們聽到密宗的修行可以轉化煩惱成爲道用，我們的心也許會編造各種藉口，說我們可以利用欲樂修道，違反五戒的不殺生、不偷盜、不邪淫、不妄語、不服用迷亂神志之物，還自認合情合理。懷著邪見，膨脹自身的能力，誤以爲自己在道上的進程走得很遠，這是一個修行的禍害，不幸很多人都墮入這樣的情況。

法護大師的弟子阿底峽認爲成就佛道必須具備三道。(1)下士道：清楚了解這個架構，可以讓我們精確知道自己目前的能力，以及目前在修行上需要加強的重點，下士發心棄捨十不善業，往生善道。他們也許會選擇根據在家五戒或不同的出家戒來修行。(2)中士道，培育出離輪迴的心，發心證得解脫，繼續修行如上述的戒行，並培育定慧。(3)上士道：爲菩提心所驅動，爲切實利益一切眾生而發心成佛。要達到這一點，他們承擔起菩薩戒，經菩薩戒的良好訓練之後，可以接受密宗的加持，然後，承擔密宗的發心和道德規範。我們不是上士道的眾生，雖然我們也許景仰菩提心和菩薩道，還是必須先修行下士道和中士道，以趨向菩提心和菩薩道。

在這三道的發心和相應的修行訓練好之前，必須對於人事物的貪愛有所警覺，並非它們不好，而是當我們靠近它們時，還不能善巧地節制自己的貪執，並維持心的平衡狀態。高階菩薩修行者可以享受這些執著的目標，因爲他們知道欲樂是虛妄的：無常而且空無自性。因爲他們有智慧，便不受執著所羈絆，有修有學的密宗修行者則能享受欲樂而生起空性的大樂智慧。但是當我們的心仍被貪執所縛，圍繞著貪愛的目標，那麼，我們就會被吸進去，想去獲得並保住他們，因而造作了更多苦因。

持出家戒的人生活簡單。我們承認，必須活著才能訓練心，但是不追求更多。舉例來說，我所在的舍衛精舍，大家只吃供養的食物，雖然仍會烹調。這就會幫助我們處理對食物的執著，如果我們貪愛餅乾，卻無人供養，我們就得面對執著貪愛，自問：「如果我吃到餅乾，就永遠快樂了嗎？」「餅乾會讓我的心不再東想西想嗎？」答案很清楚：「不會！」所以我們就放棄執著，培育知足。這樣的生活也幫助我們感謝慈心供養的人們。

思惟無常有助我們理解生命中最重要的是什麼，而設定優先順序。想到我們不免一死，可能生於惡道，那麼，想吃餅乾的欲望（或擁有其他我們貪愛的事物）就不重要了。永續的喜悅和知足是我們一直尋求的，這不會來自貪愛的事物，卻從馴服自心並棄捨貪執而來。我們思惟輪迴的過患，可看到苦的本質，對瞬間即逝的欲樂也會減少興趣，心自然會更加平靜、知足。最後體驗了空性，我們便根除了貪執。總而言之，眞正的喜悅和滿足，是從轉化自心開始，有爲者亦若是。

〇〇五

孔雀般的勇士

轉換毒叢林般的煩惱為修行妙藥
步入輪迴之林。
擁抱煩惱，勇士自取此毒卻力破毒障。

聖位菩薩進入輪迴的叢林，轉化有毒的執著，成爲進入微細意識的助力。有這樣微細的心，便可思惟實相的本質，再以此體悟根除一切煩惱和煩惱種子。

盤尼西林其實是一種毒藥，但只要適當的服用，反成良藥，可治癒疾病。同樣的，聖位菩薩善巧地運用煩惱，生起空性和大樂的解脫智慧，根除一切煩惱障和所知障。前五頌經由孔雀和烏鴉的例子，剖析了聖位菩薩和凡夫的差別，以及菩薩可轉化煩惱，而凡夫不能。

前面的禮敬處介紹了大威德金剛，祂是死神的摧毀者，可以生起體證空性的大樂智慧，征服死亡。大威德金剛的忿怒相令人畏懼，本質是悲心和智慧、慈心和容忍。祂的忿怒，並不像凡夫是出於自我中心和我執，對眾生生氣，認爲他們才是造成問題的原因。菩薩和大威德金剛則是對煩惱、有漏業、自我中心、所知障而憤怒，因爲這些才是斬斷慧命、造成痛苦的敵人。

當我們祈求大威德金剛去殺死一切綑綁自己於輪迴的不善心所，必須記得，祂象徵智慧和慈悲，忿怒的本尊並不懲罰或傷害眾生，祂們知道我們有潛力成佛，願意用慈悲心來幫助我們，祂們忿怒的能量是針對苦因，並非我們本身。換句話說，我們不等同煩惱，我們也不等同錯處或壞習性，我們更不等同所做的不善業。這一切並非與生俱來，可以與我們分離。一旦明瞭，我們的心就打開了，知道自己能改變，也有自信去改變。進一步而言，這讓我們用開放的態度去看待他人，沒有一個人是天生邪惡或毫無希望，無論人們的行爲多可怕，他們並不等同他們的行爲，行爲可以淨化，做出這些行爲的人仍有佛性。

下一個偈頌鼓勵我們讓勇氣覺醒，來面對敵人——我執和自我中心。

○○六

自今以後，我要遠離這個惡魔——

「我執」（令我）不自主浪跡於生死輪迴，

它的使者——「自我中心」（只）求一己的欲樂和昌盛；

我將為眾生欣然接受苦難。

我們**不由自主浪跡**在輪迴中，感得一個又一個身體，苦海無邊。這個悲傷故事後面的**惡**

魔是我執，執取我和法都有自性，一切煩惱便生起了，這是輪迴的根源。去除煩惱，是得到解脫的關鍵。

我執和自我中心合謀，是魔鬼雙人組，我執像一個獨裁者，發布命令：「我和其他的法都是自有自存，是一個客觀的實體。」自我中心則是執行邪惡獨裁者命令的**使者**，全力堅持：我們自己的快樂和痛苦，比別人更重要。

只要被自我中心牽著走，我們對生命的觀點就窄化了，不把他人看成有覺受的生命，只關注對方如何才能有利我們，不用開放、好奇和分享來處理情況，只一味想著：「我怎樣可以從中獲益？」完全忽視地球上還有七十億人和數以兆計的動物、昆蟲、魚，「自我中心」要求自己關切和需要的都必須比他人優先滿足，甚至以他人的快樂爲代價。

我們若檢視自身的經驗，會看到自我中心越多，就越痛苦。因爲自我中心看每一件事物都繞著自身打轉，對別人所做的小事很敏感，認爲他人以此認定我們。因此很容易受傷，也很容易受到冒犯，我們執著自己的外貌、地位、財富、聲名，沒空間考慮他人的感受和需要，我們不體諒他人，氣他們迴避我們。想控制他人，要求他們做這做那。因而製造敵人，造出很多不善業。

放棄自我中心，並不必然會受苦。我們必須用適當的方式（而不是自我耽溺的方式）來照顧自己。這個人身是珍貴生命的基礎，給我們修法的可能性，所以要保持身體清潔、足夠的運動和睡眠、攝取營養，保持健康。我們做這些事是爲了修行、體悟眞理，以利益他人，這樣的照顧生理上的需要，並非自我中心。

我們要對抗我執和自我中心，也許會遭遇困難。在輪迴裡，問題自然會產生。開始修法時，我們不應期待問題會立即改善。有時過去造的不善業會成熟，而出現健康問題、人際關係困難、財務問題等等，但是現在我們對這些問題的反應不同了，因爲我們希望去利益他人。因此當我們面對問題的時候，不會自憐自艾。法護大師建議我們要**欣然爲衆生接受苦難**。這樣一來，情形就轉化爲培育慈心、悲心，成爲內在的助力。

換句話說，雖然我們不會自找困難，但如在助人和修法的過程中出現困難，就接受它。經歷困難可以教導我們很多事，會發現潛在的天賦，也會培育出好品格，如果不是遇到困難，或許還培育不出來。我們也對他人的情況增進了同理心和了解，於是抑制了驕慢，有助自他建立更強固的連繫。

無始以來，在輪迴的「生命存有」中，我們歷經了許多困難，可能無數次生於惡道，無數次跟我們所愛的人和財產分離，我們也許曾生活在高壓政權下，也許因爲行使人權而入監服刑，沒有犯錯仍遭受侮辱。過去經歷這些困難時，我們總會自我中心的吶喊：「我不喜歡這樣！這不公平！世界該換一種樣子！趕快把這些虐待我的討厭鬼趕走吧！」這樣的思考會增加痛苦，並且爲未來埋下更多痛苦的種子。

爲證悟佛道而承受困難非常有意義，而且不管外界多困難，我們的心仍很知足。如有崇高、長期的目標，矢志要獲得智慧、慈悲和善巧，以利益眾生，我們會正視現在的困難，採用佛法善巧解決。舉例來說，如果我們必須長途跋涉才能修學佛法，或當我們禪坐時必須忍痛，爲了上求佛道，下化眾生的目的而苦行，如此，我們就學到如何轉化違緣爲道用，而且反制我執和自我中心，這兩者正是我們受苦的主因。有些西藏人在共產黨占領西藏之後，受到監禁或折磨，他們用這樣的困難來培育慈悲心，並決意要從輪迴中解脫，因此他們得以保持平靜的心，把痛苦轉爲成佛之道。

〇〇七

由業趨逼，煩惱積習成性——

一切眾生都有相同的本性——

我把眾生之苦堆在渴求快樂的自我之上。

執著和瞋怒是我們「親愛的同志」，無明是從來沒有離開過我們的「朋友」，我們**煩惱積習成性**，以致常常沒有發現煩惱已不知不覺占領了我們的心。我們聽到批評，感覺被冒犯，而且生起氣來，看來如此自然，我們理所當然覺得該扔回惡意的評論、散布冒犯我們的人的壞話，這樣，我們就在心流中種下不善業的種子。這個業終將成熟，成爲我們未來投生的環境，進而影響我們是健康或生病、居住的國度是戰爭或和平、人們喜歡或討厭我們。在行動之前，我們都可選擇要創造苦因還是樂因；但造了不善業之後，除非淨化它，否則它絕對會用不好的方式成熟。

我們需要思惟這一點，認清情況就是如此，這會推動我們去發大願，從輪迴中解脫。然後，明瞭一切眾生皆然——**一切眾生都有相同的本性**，我們會希望他們也能脫離輪迴。因爲認識到自我中心是眞正的敵人，必須爲所有的痛苦負責。我們便可觀想：拿走他人的痛苦，堆在我的自我中心之上，自我中心就是只**渴求**一己**快樂的自我**。

在心理上把他人的痛苦承擔起來，並不意味著我們責怪自己自私，因此應該受苦，而是區分「我執」、「自我中心」所執取的我以及世俗假我，我們希望把自己從自我中心和我執的專制暴政下解放出來。

世俗假我是指是依待身和心而施設的「我」，也就是，當我們看到身和心，據此而說

「我」或「一個人」，這不過是一再輪迴、修道或成佛的世俗我。當我們實際去找一個此刻存在、一直到成佛的、施設的假我，是找不到的。問題在於無明錯誤執取那個「我」，在「我」之上，投射一個並不存在模式。「無明」相信世俗我是一個本然存在、客觀存在、自有自成的人，事實上，這個有自性的「我」根本是沒有的。總而言之，「無明」把不存在的東西，誇張成一件大事，就好像孩子相信有世上一個抓小孩的惡鬼，因恐懼而癱在那兒，這個小孩害怕的是個不存在的東西。

這個人並非根本不存在。這個人是世俗有，只不過是假施設。所沒有的，是我們誤信存在的、那個有自性的人。這個世俗有的人希望快樂，避免痛苦，每一個人都有這種想法，一點問題也沒有，然而，「無明」不止於此，還相信**我**有「實性」。被「無明」支持的「自我中心」說：「**我**要快樂！**我**最重要！**我**應該得到我想要的東西！」無明誤認了自我，而「自我中心」又把我們的自我以及發生在我們身上的每件事都看得比實際上更重要。

無明並不是我們天生的一部分，可以去除，自我中心也同樣不是我們實際上的相狀，是可以棄捨的。我們並非天生自私。以上的偈頌教導我們，找出自我中心和我執，把問題都丟給它們，既然它們是我們痛苦的源頭，當然大可如此。這和受虐狂渴求受苦不一樣，而是希望眾生快樂，也把自己從我執和自我中心的恐怖統治解脫出來。我們承當他人的痛苦，把痛苦丟給這兩個嫌犯。

○○八

若自私自利的貪愛纏心，
我會驅逐它，給予一切眾生快樂。
如果眾叛親離，
我會細想：「這都是因為我的輕忽。」

看到了自我中心的過患，**若自私自利的貪愛纏心**，我們便訓練自心來認識貪愛在自身所造成的傷害，並且觀想承擔他人的痛苦，來**驅逐它**。我們若想再繼續斲害「自我中心」，就做一些它不喜歡的：**給予一切眾生快樂**。我們不會縱容自我中心，否則只是挖個洞叫自己跳下去。反而應該集中注意他人的需要和關切點，把快樂帶給他們。

即使他人傷害我們，導致**眾叛親離**，我們也不會報復或傷害他們，相反的，因爲認識到自己所受的傷害，其實肇因於以前太輕忽，沒有遵從業力和業果的法則，行事太自我中心，傷害他人，造下惡業，不顧我們的行爲有無道德/倫理的向度。現在這些行爲感果了——

就像扔回力棒一樣，回到我們自身。所以我們得為自己的行為承擔起責任，並且忍受苦果，不怨人，不自憐。這時正好做「自他交換法」❶的修行，把握機會淨化不善業。

做這個修行的前行時，我們思惟一切眾生（自己和他人、朋友、陌生人、敵人）一樣都想要快樂，不要痛苦。然後思惟他人在輪迴中的痛苦：一生又一生所感受的貧窮、疾病、情感上遭到辜負、不公義、失望。在此，我們可以把新聞帶入修行，思惟人類和動物各種不同的痛苦經驗，我們不會走入極端，對世界現況絕望，反而散發悲心給一切眾生，想著：「如果他們能夠從一切痛苦和苦因解脫出來，該有多好！」

然後思惟眾生在這一世和過去世給予我們的慈心，以及在未來世繼續付出的，如種植食物，縫製衣服，我們的知識都來自他人的教導，我們所有的才能也都是依著他人的鼓勵和引導。我們感受到人們的善心，於是培育慈心，想著：「如果他們擁有一切快樂和樂因，該有多好！」

接著再思惟自我中心的過患，深信它有毒害，並思惟珍愛他人的利益，直到我們有一個非常大的發心：從此要基於正面的感受來行動，這會驅動我們修行「自他交換」，於是不會

---

❶藏文為 tonglen，又稱「施受法」。

再想：我們才是最重要的人，理應得到最好的，反而覺得他人更重要，衷心希望利益他人，我們甚至可以交換「自我」和「他人」的指稱語言，所以當我們說：「我要快樂！」意思其實是「他人要快樂！」當我們說：「他人不重要！」我們的意思是說：「我並不重要！」

自他交換法的修行是一個雙贏的局面，當我們以悲心觀想：拿別人不要的（他們的苦和苦因、我執和自我中心）來摧毀我們不要的（無明和自我中心），然後再用慈心觀想：付出我們的快樂、幸福的境遇及樂因、善心所和善業。

要修行自他交換法，我們首先觀想他人在我們面前，被三種苦所傷害。對有些人，我們會關注他們最顯著的苦，也就是苦苦；對有些人，我們則會注意到壞苦，壞苦讓他們不斷地感到不滿和幻滅；還有另一些人，行苦更為顯著。我們觀想：這些苦況讓他們變得染汙，我們於是吸入他們的染汙，觀想我們一肩承擔他們的苦和苦因——並為這些仁慈的眾生不再有苦和苦因而感覺喜悅。

我們不僅把他們的苦和苦因加諸自己身上，感受痛苦，而且，還想像我們的我執和自我中心像是塊壘堵在心中，我們吸入他人之苦，變成閃電，消滅心中（即是說，心輪在我們胸腔的中央）的塊壘，我們靜止下來，並感受去除無明和自我中心之後那種廣闊和放鬆的生命狀態，我們把心安住在虛空中，思惟自性本空。

當我們的定力開始消退，便觀想：散發的光明充滿內心的空間，這是我們的快樂，現在給予他人，卻沒有絲毫恐懼或不情願。我們觀想：轉化我們的身體成爲能滿願的寶石，會變出他人需要的東西或人，然後給予他人。我們觀想：也拿財物做同樣的事，觀想他人收到需要的東西，感覺很滿足。最後，我們觀想：把我們的功德或善業給予他人，想像這轉化或擴張成爲他人所需要的修行資糧——寺院中心、道場、老師、善友、書籍、禪坐墊等等。我們也觀想：我們的功德變成證悟的道路，全部給予他人，他們收到之後，便成佛了。我們目睹他們容光煥發，而且平靜。感受到眞正的解脫和無所畏懼，同時有滿溢著利生的歡喜，這種可以利益他人的快樂優於我們把身體、財產和功德給予他人時所產生的不安適。

人們有時反對自他交換法，一個反對的理由是：它沒有用，另外一個是：可能有用。關於第一點，我們是這樣想的：「我只是觀想紓解眾生的痛苦，帶給他們快樂，這根本不會改變現狀，有什麼用？」關於第二點，我們是擔心：「觀想把他人的痛苦拿來？萬一成功了怎辦？我也許會因爲觀想把他人的疾病拿過來而生病，我也許會失去我的身體、財富和功德，因爲我觀想把它們送走了。」

我們的心充滿矛盾，自我中心的念頭就是這個難題的來源。「自我中心」不想浪費時間做沒用的事（譬如觀想他人成佛），卻也不想冒險（萬一我們的觀想眞正成功，也許會生病）。這在我們生命的許多方面都會出現：「做，還是不做呢？」我們糾結得一塌糊塗，下不了決心，卡在兩個自我中心的念頭之間，難以做出適合的決定或找到滿意的解決之道。我們希望看待自己是個高尚的人，勇敢地紓解他人的痛苦，犧牲自己的身體、財產和福德，卻不希望感到任何不適。事實上，我們修行自他交換法時，若認識到自己的不安，更能看到自己目前慈心和悲心的局限。眞誠的行者有了這樣的認識，更精確地思惟自我中心的過患和愛護他人的利益，到一定程度，就成爲勇者菩薩。

當我們對自己的痛苦感到恐懼和反感，這樣的修行是非常好的，這對自憐自艾也是一帖很好的解藥。當我們感覺到受傷，一般都會非常的脆弱而無助，爲了遮掩不安，自我中心就開始點燃憤怒。有時候也許會暴怒，把負面言行噴到旁人，有時候則是內爆，撤退到惱怒、噘嘴不悅，並且自憐。我們根本在舉行一個「自憐派對」，細細品嘗「可憐的我」的念頭。我們繞了好多路，認定自己是受害者，卻沒有人認同，然而這種念頭只會叫我們受更多的苦，獨自一人惱怒、噘嘴不悅，就在我們最想和人親近的時候，卻把人們從身邊推走。

我們不用淹沒在迷惑混亂的念頭裡，大可以做自他交換的修行，這就可以從不健康的想法之中脫身，拓展觀點，看到他人跟我們一樣，希望快樂，不要痛苦。這樣，慈心和悲心便油然而生，內心和生命得到寧靜。

4

不善業之輪：了解並轉化逆緣

○○九

我罹患惡疾、飽受煎熬，
這是惡業的利器回轉我身，
因為我曾傷害他人的身體；
自今以後，我將一肩承當一切病苦。

本頌和以下的偈頌，都沿用相似的結構，第一行描述我們不幸的經歷：罹患疾病、朋友背棄等等，有時候，我們以爲自己才是唯一遭到厄運的人，其實，許多人都有同樣的經驗。

第二行告訴我們，不幸的情況並非偶發事件，而是過去做的不善行所引發：**這是惡業的利器回轉我身**。思惟這一點，便增強了對業力和業果運作的信心，對自己的行爲負責（甚至前世造作，我們已不復記憶的事），而不再拿自己的問題來責怪他人，因此減低我們的瞋心和自憐，促使我們更深入思惟：行爲對他人和自己造成什麼後果？自我中心往往讓我們看不到自己的行爲會影響他人和自己。成人和修行人比較成熟，大部分是眼界擴大，才能眼觀大局。我們必須注意，行爲是有道德和倫理向度的。我們深度思惟業力和業果的法則之後，便會在行爲和個性上大幅調整，突破舊的不良習性，建立新的好習性。

每一頌的第三行會更精確地描繪出行動。我們感受到生命中的障礙時，總說：「爲什麼是我？」這一行回答了這個問題，雖然回憶自己做過的不善業並不愉快，卻可淨化不善業的種子。如果地毯下或櫃子裡藏汙納垢，我們會嗅到，卻不會採取行動，只有看見房間裡明顯的汙垢，才會清理。同樣的，這一行點醒我們更細膩地觀察生命（甚至做一場生命回顧），認識到我們曾經傷人，然後淨化。

第四行表達了決心，未來要採取相反的行動。我們若對業力和業果的信念越強，便越願意對治我們波動的情緒，不再犯下不善行，轉而生起善的念頭和行動。我們決心在未來際行爲必須有所不同。爲使這個決心更堅定，開始修行自他交換法，承當他人的痛苦，並付出我們的身體、財產和福德，這樣，會增進慈心和悲心，減弱自我中心，因此讓我們的行動都發自於善的意向。

我感染A型肝炎的時候，第九頌給我的影響很大。我們的疾病是不善業的果報，尤其是曾傷害他人的身體，我們也許會想：「但我是一個好人，沒殺過人呀！」也許你從未殺人，但是大部分人可能都殺過昆蟲或其他動物，也許曾打獵或釣魚，或請人活烹海鮮當晚餐，曾讓寵物受苦，或許讓牠安樂死，或許在房子或花園裡噴了殺蟲劑。我們也許記得這一生做過，有時卻是前世所爲，由於現在感得果報，因此推測我們做過。

舉例而言，也許我們是一國的強人領袖，領導人民進行侵略戰爭，雖然沒有親手殺過人，卻獎勵軍隊取敵人的性命，這樣就累積了許多殺人的業力。或者我們出於科學的好奇心，把病毒注射入動物身體，看看會發生什麼狀況，我們在無限、無始以來的生命中，做過各種行爲，雖然我們並不記得，卻在心流中留下印記，俱生緣一旦現前，果報就成熟了。舉我的肝炎爲例，俱生緣就是不潔的蔬菜，但主因還是我在今生或前世的行爲。

像遇到生病這類狀況，我們可以生氣或沮喪，也可以轉化這個情形成爲道用而觀想：「**這是惡業的利器回轉我身**，所以我不要責怪任何人，反要從這個錯誤中學習。既然我不喜歡生病，我就必須不造生病之因。」我們要用堅定的意向，不再傷害任何眾生的身體髮膚。

說到這裡，我們必須思考，如果未來碰到傷害別人身體的情況，應該怎麼做。我們會置身於容易發生這種事的環境嗎？即使我刻意保持距離，有些事情也會意外地出現，讓我想傷害別人。在這種情況下，我會怎麼做？我要如何抑制憤怒和恐懼，不制人於死？我們也許應該花時間思惟如何訓練安忍，不要屈從我們的憤怒，同時思惟無常，以克服恐懼醞釀出來的貪執。反覆思惟之後，我們便準備好在未來善巧處理情況。

要淨化曾傷害他人身體的不善業，未來不再犯，應修行自他交換法。本頌既然和生病有關，我們懷著悲心觀想，把他人的病痛拿過來，用來摧毀過去傷害他人身體的無明和自我中心。我們吸入別人痛苦的染汙，觀想它化為一道閃電，擊中並摧毀內心無明和自我中心的塊壘，然後安住在自心的虛空中，品味他人沒有疾病、我們沒有無明和自我中心的況味。繼續觀想：轉化我們的身體、財產成為藥物、醫院、醫護人員、慈悲的陪伴，以及病苦中需求的安慰，把這些給予他們，同時觀想：他們終得療癒，生活快樂。又給出我們的福德，同時觀想：他們擁有遇見並修法的一切必要因緣，於是能夠在修道上有所進展，成就佛道。僅僅如此觀想，我們便已經非常滿足而平靜。

這是第九到四十四頌的基本觀想方法。如果本頌描述的是你從未在今生遭遇過的經驗，也可想想他人有如何的經歷，同時檢驗自己是否造作了未來感果的因。我們也許今生造了因，但是還沒有感果。果報來臨以前，我們應該修行自他交換法來淨化，同時做其他修行，如禮佛、誦金剛咒等。

即使你在這一世沒有造作前述的不善業，也要決心在未來之際不做不善業，因為我們不能預知今世或來生會碰到什麼情況，而做出不善業。倘若現在就立下堅定的決心，絕不做出這樣的行為，將有助我們在未來世有所節制。然後，我們再修行自他交換法。每一頌的重點都是考慮某種特定的痛苦，以及在我們生命中的因行。這樣，修行起來會非常豐富，而且很有意義。

後面有些偈頌提到的情況及其業因，也許難以想像，也許會挑戰自己的形象，而且牽引出深藏心中的懊悔，果眞如此，就對自他抱著悲憫之情，慶幸現在可以檢視過去，從錯誤中學習，以慈心走入未來。

〇一〇

我的心感到痛苦，
這是惡業的利器回轉我身，
因為我必曾深深擾亂他人的心；
自今以後，我將一肩承當一切痛苦。

許多已開發國家的人，心理痛苦比生理痛苦還多，他們苦於憂鬱、焦慮、恐懼、擔憂——當我們無法達到目標或被拒絕、被放棄或受不公平待遇時，便生起這種感受。未開發國家的人大多忙於滿足基本生存所需，沒有這樣的心理痛苦。

當我們感到心理很苦，可以把這種苦當作良機，學習心的運作。首先不要只專注於感受背後有什麼故事，只要直視心的苦受本身，認識心苦和身苦有何不同。然後覺知你對心苦的反應：我們不喜歡、生氣、怪罪他人。我們貪求心的樂受，我們願付任何代價來趕走心的苦受：酗酒、吸毒、說狠話、賭博、濫交、暴食、用度超支，以及很多只會在今生和來世製造更多痛苦的行爲。

我們不要一再產生心的苦受，可以採取本頌的觀點，把心苦看成過去所做傷害行爲的果報，特別是**深深擾亂他人的心**。例如在過去，我們批判、譏笑、侮辱或蔑視他人，而造成別人的心苦，我們叛逆、不周到、不合作，我們做讓他人擔心、悲傷或尷尬的事。

若要轉化心苦爲道用，一個有效的辦法就是修行自他交換法，**一肩承當一切（心的）痛苦**，把快樂帶給他人。

做這個修行時，我們的心有一部分可能會抗議：「我不想把別人的心苦拿過來，我甚至不能處理自己的痛苦，我倒希望有人把**我的**痛苦拿走。」這種心態本身就是痛苦。我們應該這樣想，使自己更有勇氣：「我正在感受心苦，這是我以前不善業的果報，反正我已經感到心苦，不妨把別人的痛苦都承擔下來。」承擔別人的痛苦，如因失去摯愛的人而哀傷，或因身處政局不穩的戰區而恐懼。我們把罹患心理疾病的痛苦拿過來，把遭受背信棄義的痛苦拿過來，高高興興地做，用這些痛苦來摧毀我們的自私，因爲自私讓我們造業而導致心理上不快樂。自我中心使我們卡在自己的心理痛苦和自憐當中，我們只要用他人的心苦來摧毀自我中心，定會感到非常輕快而且放鬆。

〇一一

我遭受猛劇的飢渴折磨，
這是惡業的利器回轉我身，
因為我總是巧取豪奪、一毛不拔；
自今以後，我將一肩承當一切飢渴。

我遭受猛劇的飢渴折磨，或者有內心不滿和渴求欲樂的心理情況（也許我們渴望同伴、親密關係、愛，或者渴望讚美、認識、贊同），**這是利器之輪回轉我身**，過去做了什麼，這個厄運才降臨到自己身上？因爲我們欺騙別人，不讓他們得到應得的那一份，偷竊了他人的財產，也不見得是闖入別人家，而是做了白領犯罪；像是侵呑、篡改賬目；或詐欺，我們沒有歸還借來的東西，也沒有付清欠下的費用或稅金。

再者，不分享我們所有的，卻吝嗇地歸爲己用，即使他人比我們更需要，也不例外。一毛不拔的行爲包括不分享我們的財產、把與別人共同擁有的東西變成自己的、並沒有給他人應得的一份。恐懼和吝嗇兩者會合謀編造這樣的故事：「如果我給出去，那麼我就不再擁有，而且日後可能會受苦。」它們讓我們無法慷慨，甚至我們已經夠用，也慷慨不起來。

佛法的修行人，有時候是一天二十四小時持守大乘八關齋戒，一天只吃一頓，要對抗可能發生的饑渴，我們就會思惟：「我正在淨化以前做過的不善業，像是一毛不拔、欺騙他人、偷竊他人財物等等，我並沒有感受到極端的饑渴，苦海無邊，我的傷害行爲只是以今天感覺飢餓的小痛苦來成熟感果，我快樂地接受這個痛苦，未來際我不會再造作傷害的行爲。」這樣一來，我們就可以快快樂樂地感受飢餓的艱辛，因爲我們爲佛法而做，同時也激勵自己要練習慷慨布施，這是財富和昌盛的業因。

我新出家成爲比丘尼時，非常窮困，住在印度，沒有人寄錢給我。曾有一度，我名下只有五十塊錢，而且沒有返程的機票！甚至當我離開印度去歐洲，住在一個寺院裡，我們比丘尼住在一個馬廄改造的房子裡，冬天非常寒冷，我也沒有足夠的錢添購電熱器。有一天坐在禪堂內，突然認識到，錢不夠用，是因爲我很吝嗇，這種緊繃、吝嗇、害怕的心態，在我的心裡非常生動鮮明，我知道自己必須改變，要不然事情還會更糟。

這是一個轉捩點，我開始努力更加慷慨。我過去非常吝嗇，害怕沒有錢用，使我警覺必須強迫自己去給予。很有意思的是，當我緊握的拳頭漸漸張開，反而接受到他人更多的資助。從我自身的經驗，給予就是獲得，非常明顯。

〇一二

我失去自由，受人役使，
這是惡業的利器回轉我身，
因為我總藐視卑微的人，役使他們；
自今以後，我將謙卑地奉獻生命，為他人服務。

我失去自由，受人役使，可能包括各種不同的情況，像是被奴役、性剝削、缺乏人權或民權、經濟剝削、人口走私和政治壓迫。本頌也可指我們覺得無力感或不受尊重等較一般性的情況，比如老闆忽視我們對某個專案計畫的想法，或家人聽不進我們的建議。

在這樣的情況下，業因會占年幼或弱勢無力的人的便宜，**總是藐視卑微的人，役使他們**。在過去世或這一世，我們也許做了老闆，非難員工，或操縱他人去做違反他意願的事。我們也許爲自己的利益剝削過他人，不顧別人的幸福。舉例來說，二〇一三年，孟加拉一所服裝工廠的建築物坍塌，有五百人死亡，一位工程師甚至警告過這幢建築是不安全的，工廠的老闆堅持要這座工廠繼續運作。另外一個例子。有人利用逃家的年輕女孩，使她們依賴妓院老鴇而淪爲雛妓，還常常讓她們染上藥癮，更加依賴老鴇。還有人對難民收取離譜的費用，像是從緬甸羅興亞區域的難民，讓他們登船，然後中途拋棄他們，或把他們賣爲奴隸。

我們現在的無力感和受人役使，就是我們自私地利用他人或不尊重他人、不給他們機會和權力等種種行爲的業果，若要彌補，我們必須有很強的決意，**將謙卑地奉獻生命，爲他人服務**。無論對方的社會地位高低，都予以尊重並利益他們，尤其要尊重發心成佛的人們。我們培育愛護他人多於自己的心，也應盡一切努力服務他人。我清楚記得耶喜喇嘛對我們出家人開示，他的念珠放在心上，說：「這就是你們的咒語。」他每撥一顆念珠，都說：「我是他人的僕人，我是他人的僕人。」

我們可以從小事開始。先假設我們的工作不牽涉到傷害別人，比方製造武器或殺蟲劑，我們可以培育善的發心，把工作轉化成一個服務的行爲。舉例而言，我們想：「我去工作，並不光爲賺錢，而是要幫助客戶和顧客，希望他們因我的工作而受益。」或者「我希望能利益同事、老闆和其他人，努力去創造一個良好的工作環境，讓大家都能在工作中獲得成就感。」

只要工作場所有少數慷慨的人，其他的人很快會看齊，因此，如果有少數幾個人喜歡挑錯：「**你**弄髒了咖啡桌，**我**可不會去清理。」這個心態也會彌漫在工作場所。與其等他人先做，不如我們先友善地幫助他人。

同樣的，我們在家居生活也可以充滿愛心，並且合作無間，我們不會在下班回來，噗通一下坐在沙發上，指使家人做這做那，我們可以用慈心來問候他們，隨時記得這些是我們最珍愛的人。如果父母希望子女長大成爲充滿慈心和體貼的人，他們需要示範身教，小行動有大影響，我們應建立一個良好典範，推展家庭之愛。

承擔他人的痛苦，尤其是那些無助和受到役使的人，運用它來摧毀你的自我中心和我執，然後懷著慈心轉化我們的身體、財產和福德，成爲他們需要的東西，送給他們。觀想他們滿足了暫時的需要，得到一切修習佛法的助緣，成爲菩薩，然後成佛。

〇一三

我耳聞不愉悦的話語，
這是惡業的利器回轉我身，
因為我常常脫口而出有過失的言語，如離間的兩舌；
自今以後，我將滅除一切言語的過失。

當人們批評或侮辱我們，講冒犯我們的評語，或在背地裡說我們的壞話，我們的反應是防衛，並且（或者）侵略，也許去遊說別人在兩方衝突裡站在我們這一邊，而且在他們背後說壞話，製造更多的不和諧，也在我們心流裡種下更多不善業的種子。我們不要爲受傷的感覺責怪他人，而要面對這個事實：聽到不愉悅的話，是**因爲我常常脫口而出有過失的言語，如離間的兩舌**。

我們自省歷來的言語，也許會發現曾經嚴厲批評別人、誣賴別人、傷害別人感情、毀了別人的名譽。我們也許喜歡挑錯，或散布流言，故意講一些貶抑他人的評語，很有自信地用道聽途說來大放厥詞。

如果我們曾說過他人壞話，爲什麼今日他人批評我們還會驚訝呢？我們不要再繼續濫用言語，應決心拒絕說謊的引誘，也不製造不和諧、兩舌、惡口。這樣一來，我們就會有較好的人際關係，也不會造作在未來引起爭議的業。

總之，本頌全是用自他交換法來承擔他人因惡言惡語而感受到的痛苦，並將我們因慈心、眞實和適當的言語所獲得的快樂給予他們。

〇一四

我受生在不淨的環境，
這是惡業的利器回轉我身，
因為我總以不淨的觀點看待事情；
自今以後，我將培養清淨的觀點。

不淨的環境指汙染的、骯髒的、不健康之處，如大城市的貧民窟，或是丟棄有毒廢棄物的地點，或有嚴重空氣汙染的區域。住在這樣的地方，是因爲**總以不淨的觀點看待事情**，也就是說，因爲執著實有，而產生出各種煩惱心所：敵意、執著、懶惰、嫉妒、驕慢等等，我們的心批判他人，看到每人都沒有展現他們該有的樣子。我們應不再培養不淨的觀點，以致投生於不淨處所，而應決意培育純淨的觀點，看出每人和每一情況的長處，當做修行。

說到前世的業力是我們住在不健康環境的原因，並不是說我們忽視空氣、水和土地汙染的現世原因。我們當然要問責工廠適當排放廢棄物，乘坐減少碳排放，乃至完全零碳排放的交通工具。我們身處全球社區中，需要謹慎考慮是否繼續使用核能，如果要用，該如何保護地球，不再橫遭一九八六年車諾比和二〇一一年福島的災難。

產生清淨的觀點有許多方式，其中之一是，認識到我們不知某人是佛還是菩薩，聖者常以凡夫身分示現，以善巧引導我們，但是他們不會戴名牌，驗明正身：「嗨，我的名字是觀世音菩薩。」「我是一尊佛。」因爲毀謗聖者是不善業，我們不知哪一個人是否成佛，佛教勸告我們不要批評任何人。

然而，這並非說我們不會面臨困難，或需要隱瞞眞理。舉例而言，如果有一個可能雇用喬的老闆跟我們連繫，希望我們幫喬寫一封推薦函，我們不宜因想傷害喬而數落他的不好，或因爲他可能是一尊佛，就讚美他擁有他所不具備的品質。如果我們相信那人並不適合這個職位，我們就懷著悲心，不希望兩方都卡在不能適才適所的難題，於是給出誠實的評價。

同樣的，我們可以說某特定行爲不太恰當而且傷人，這時卻不落於毀謗他人。把行爲和人分開，是一個非常有力的方法，我們可以看到每一個眾生都有佛性，同時又認識到他的過錯，讓他們對自己的傷害性行爲負責，幫助他們成長。

密乘修行人努力把環境視爲淨土，遇到的眾生是天神或聖者，目的在於不令內心生起瞋怒、貪愛、不知足、嫉妒和其他煩惱。這並不意味我們對負面品質文過飾非，或把完美的遐想投射到他人身上，這樣當然會引起問題。舉例而言，如果我們看到他人在爭鬥，不會說：「這是憤怒的天神大威德金剛跟大黑天在演戲。」我們看每一個人都是天神，並不是說要坐視人們互相傷害，如果有能力，我們必須要介入，卻不懷瞋心。

〇一五

貴人和摯友都離我而去，
這是惡業的利器回轉我身，
因為我總把他人的朋友引誘離開；
自今以後，我將永不再挑撥親密的朋友彼此疏遠。

我們所有的人都珍視貴人和摯友，智慧又慈悲的善知識在修道上尤其重要。如果和重視的朋友分開，而且人際關係處理不如預期，是非常痛苦的，但是在輪迴裡卻很普遍，因爲我們自己、他人和周遭一切有爲法，本性都是無常的，凡相聚的，最後一定離散。

我們和摯友、善知識或貴人的人際關係生起障礙，是因爲**我總把他人的朋友引誘離開**。過去我們也許婚姻破裂，或在師生之間對一方批評另一方，或讓他們很難見面。我們也許曾是領袖，濫用權力，施行政策，使人民跟摯愛的人分離。我們也因嫉妒在背後說人壞話，使人際不和。或者，人們也許已經分開了，我們因爲嫉妒而不讓他們有和解的機會。

在所有的偈頌中，我們必須檢視自己今世是否做過不恰當的行爲，如果做了，就運用四力對治法來淨化業種：懺悔力、依止力、防護力、對治力。自他交換法就是一種對治力。

再說，我們也許在過去世做了傷害或令人憎惡的行爲，雖然無法記得前世做過什麼事，還是必須淨化業種。我們從錯誤中學習，決意要做不傷害的行爲。本頌中，我們決心**永不再挑撥，使**有著健康而互利的友誼的**親密的朋友彼此疏遠**，我們還要更進一步幫助他人維持和諧的關係。

然而有些案例是必須把人們分開。例如一個女子因爲丈夫會揍她，於是跟他分開，但她對於丈夫生起強烈的貪愛，想回到他身邊。我們出於悲心，爲她的安全著想，或防止他先生揍人再造不善業，我們也許會警告她：「要記住他對妳做過什麼事，妳要堅強，不要只因爲短暫的貪愛執著，而放棄立場。」

另外一個例子是，一個朋友參加一位「上師」的課，老師雖宣稱他是一個佛教徒，卻並不依據佛陀的法教教授，如果我們的朋友還沒有認定這個人是老師，我們也許需要警告他千萬小心。我們也許會說：「經論鼓勵我們學著認識眞正善知識的品質，然後，把他當作老師之前，我們至少要檢查這個人是否具有部分的品質。因爲這個『老師』具有爭議性，請你考慮這樣篩檢。」

〇一六

崇高的善知識對我不悅，
這是惡業的利器回轉我身，
因為我寧願接受損友的指點，而捨棄上師；
自今以後，我將捨棄損友。

崇高的善知識特別指上師，即指導我們聞、思、修的人。如果我們修學**毗奈耶**（vinaya）——出家戒律，崇高的善士包含我們所信任的、承諾要引導我們的、戒臘較長的出家人，當這些人對自己不悅，我們的習性往往是抱怨：「他們不體察我的需要，心靈封閉，要求太多，還偏心呢！」有些出家戒禁止如此指控，因爲這是我們的心（而不是別人的心）被煩惱所控。

也許這位教導菩薩道的老師對我們不悅，忙得沒時間見我們，在佛法課上無視於我們的提問，而且不再向我們微笑鼓勵。因爲自我中心作祟，我們都當做是針對自己，充滿疑惑和焦慮，以爲「我哪裡做錯了？」在這種情況下，我們也許應想一想，是老師眞的不悅，還是老師需要去照顧其他的人或有更重要的計畫。如果他的不悅是因爲我們編造不實的故事，我們就需要把故事丟到一邊。

另一方面，如果老師眞的對我們不悅，就要回想，是否**因爲我寧願接受損友的指點，而捨棄上師**。我們不尋求善巧又富於佛法知識的人的建議，反而結交損友——這些人取悅我們的自我，使我們從修行上分心。再加上，今生和前世，我們沒有尊敬上師，做了違背他們建議的事，甚至與他們競爭。我們通常不清楚這些想法和行爲的壞處，因爲找了很多藉口。因此，學習正確辨認我們的意向，並且精確評估我們的行動，也是修行的一部分。

我們也許會尋求「損友」，這些人頭上沒長角，看起來不邪惡、陰毒，也並沒侵犯我們。事實上他們很關心我們，卻是用膚淺的、世俗的方式，當我們計畫去閉關，他們會說：「你的人生爲什麼這麼無趣呢？到海灘去吧，要不，去露營吧！」他們希望我們享有世間的快樂，並不考慮我們的未來世，對業力缺乏理解，相信生命的目的就是享樂、得到聲名、根據社會標準來獲取成功。他們不了解人身是多麼稀少而珍貴，或人生究竟的意義和目的爲何。

雖然他們希望我們好，提出的建議卻很沒有智慧。如果我們生氣，他們會與我同一陣線，說：「你是對的，那人對你太糟糕了，你該生氣，去告訴那人不准再這樣！」他們鼓勵我們造惡口的不善業，因此這些人是「損友」。

我們學習佛法，更加了解業力，就改變了交友的目的和擇友的標準，有些人初始會經歷困難期：「朋友常常酗酒，而且嗑藥（八卦、抨擊、譏笑別人，種種你已失去興趣的活動，這是你們友誼的基礎），雖然我現在改過遷善，但如果我不再和以前一樣，彼此就沒有交集了，他們會覺得我驕傲自恃、愛理不理，但我還在乎他們，該怎麼辦？」

在那個時間點，這些佛法初學者仍強烈貪愛老友和習慣性活動。有人錯誤的認知：因爲要對朋友死忠，因此不再上佛法課，繼續跟老友維持友誼，這是很大的損失。有些人則決定佛法比較重要，不想受到老友負面的影響，開始結交以佛法爲價值觀的人。我們**捨棄損友**，並不是冷酷拒絕老友，我們還是非常友善，懷著悲心，但不要涉入以前的活動。如果老友可以適應，友誼就會持續，但如果我們自知興趣變了，可以讓友誼慢慢消退，開發有良好價值觀的新朋友。我們知道誰的建議可以聽，討論問題時誰可以信任，在這方面更有智慧。

跟隨世間價值觀的朋友，會讓我們遇不到善知識，即使遇到，相處也不易。這一點要非常小心，因爲優秀的善知識在修行道上非常重要。如果我們喜愛並不優秀的老師，就會受到不正確的教導，走上一條錯誤的道路。如果我們從優秀的善知識學習，並且服侍他們，他們就會引導我們淨化負面品質，培育良好素質。

〇一七

他人誇大我的錯處而攻擊、詆譭我，
這是惡業的利器回轉我身，
因為我總是譭謗崇高的善知識；
自今以後，我再也不以譭謗的言論藐視他人。

本頌是當人們對我們做不實的指控，或暗示我們犯戒，做了不道德的行爲，他們因爲嫉妒而**攻擊**、**詆譭**我們，或把我們當別人犯錯的代罪羔羊，這時，我不該生氣、沮喪，而要認識因爲我們過去曾經**譭謗崇高的善知識**。

這幾行讓我們想到中共對達賴喇嘛的不實指控，稱他爲「祖國分裂分子」，雖然中共的領袖握有許多世間的權力，他們卻利用權力造了大量的不善業。另外一位偉大的佛教比丘一行禪師，在越戰當中，拒絕在北越或南越之間選邊站，因此兩方面都批評他，以致無法留在越南，他愛國，且希望和平，但是別人看不出這一點而詆譭他。

對聖人做出不善行，往往會投生地獄，即使未來世得到人身，也難值遇佛法或找到好老師。一點小事就會招致責怪、批判或中傷，正是**惡業的利器回轉我身**。

要避免這樣的苦果，我們必須決心**再也不以譭謗的言論藐視他人**，我們要訓練自己認識並讚美他人的善行，指出他們的良好素質。

每當我們被譭謗或錯處被誇大，我們必須記得：「這是我過去傷害他人的行爲的果報，我們不需要覺得受傷、憤怒或沮喪。」我們就更加認識，這樣的狀態是自我中心的問題，我很高興在目前的困難狀況下果報成熟，而不是投生惡道。我們決意在未來不再做出這樣的行爲。

有些人特別不喜歡錯處被誇大，或好品質遭譭謗，那麼，在我們遭到鄙視或輕忽的時候，修行自他交換法便非常有效，這樣的修行可以迫使我們去設想，他人面臨同樣情況時感受如何，同時把我們從自我中心：「我是唯一受到這種不公平對待的人。」抽離出來，再加上，我們必須培育堅強有力的心，去承擔遭受批評的人的苦痛，給予他們快樂。

〇一八

我的日用資具遭到破壞、浪費，
這是惡業的利器回轉我身，
因為我總是不尊重他人的資具；
自今以後，我將協助他人成辦生活所需。

有時候我們也許無法得到我們生存所需的物資（像是食物、房子、衣服、醫藥），即使有了，還沒來得及用，卻被偷了或毀了。一場地震或火災會摧毀我們的家；戰爭會破壞農作物，讓人去店裡買東西都危機四伏；游擊隊會阻撓人道救援組織向需要的人伸出援手。同時，有些國家，任由穀物在土壤裡腐爛，也許是人們不願販賣，或因爲分配困難。這樣的不幸業因，源於**不尊重他人的資具**：有人需要東西時，我們不關心，也不分享所有。也許我們偷了他人的所有物，或欺騙他人讓渡物品。我們沒有付出公平的薪水，或剝削勞工，或煽動一群人去摧毀仇人的財產。

總而言之，我們得不到所需的資具，或資具被浪費殆盡，或無法使用，這就是一心只想著自己的業果：「**我**想要，**我**需要，這是**我的**。」要改變這樣的行爲，必須眞誠關懷他人，而且盡力**協助他人找到生活所需**，如八世紀的印度聖者寂天菩薩所說：「願人們常念利益彼此。」

我寫作這本書的時候，一位朋友寫信給我，說了他的經驗，以及如何應用轉念訓練：

> 我幫助一些西藏阿尼在印度大使館申請簽證，就把自行車停在外面，等回來時，發現車子不翼而飛，這座城市裡有很多絕望和痛苦。以此觀點來看，正好可

檢驗我的修行成果如何？不像遇見佛法之前的我，現在的我沒有強烈的煩惱情緒，反而立刻觀照自心，用更寬廣的觀點來面對竊賊的問題，很幸運的是，我可以在不善業成熟時，不加理會。

後來我修觀音法門，還把自行車供養竊賊，而且負起自己傷害過他人的責任，並把這種不可思議的幸運果報供養給對方。我也去了亞洲藝術博物館，去看最喜愛的神：綠度母，我們大笑了一頓，我想這件事會發生在我幫助人的時候，眞是吉兆，若沒有發生這事，說不定我在回家的路上，會被車子撞了。

〇一九

我心志闇瞑、心神怏悒，
這是惡業的利器回轉我身，
因為我總誤導他人累積不善業；
自今以後，我將不再助成他人的不善行。

我們坐下來要禪修或研讀經論的時候，心中充滿了情緒、沉重或不快樂，我們缺乏精力，甚至有機會修行佛法，或做一件尋常任務，正需要專注力時，就打瞌睡了。我們生命中有許多好事，但是我們只看到缺乏的，老是抱怨不公平。不管已經擁有什麼，總是嫌不夠好，我們羨慕那些比我們擁有更多、更好的人。在佛法圈子裡，我們稱爲「以爲寺院另一端的念誦總是比較好」。

我心志闇瞑、心神怏悒，是因爲我們過去有許多不如理的選擇。沒有鼓勵別人發揮良好素質和善行，反而引人去做不法的活動、報復和骯髒的勾當；在過去世，我們也許是將軍，命令軍隊去殺害敵人；我們請家人爲我們撒謊，或鼓勵他們謊報比實際上還多的工時，好讓家裡賺更多錢。

看到我們因爲這些行爲而感受苦果，就應決意**不再助成他人的不善行**，我們不再糾纏他人做不善行，自己也不能再涉入不善行，要鼓勵別人從善，以才能去利益他人。

人們常常問我如何利益已逝去的親友，令他們投生善道，最好的方法就是趁在世的時候鼓勵他們做善行，多慷慨布施，生活合於戒行，學會容忍，與人相處和諧，不要積怨，不鼓勵傷害他人的行爲。我們越能夠幫助他們過清淨的生活，他們就越能夠造作善業，在未來世得到樂果。當他們死去，我們就不會擔心，而且我們的祝願也會更有效，因爲他們心流裡已有善業的業種可以啓動。

○二○

我深感挫敗、無一事稱心如意，
這是惡業的利器回轉我身，
因為我總是阻擾崇高的善知識；
自今以後，我將終止一切干擾的行為。

本頌是關於我們無法完成計畫。我們想要在工作場所鼓勵人們再生利用，他們卻提不起一點興趣。我們想製作一個佛法的網站，但主因和助緣都不和合；我們希望子女能加入家庭事業，但無人感興趣。無論我們富有創意的想法或努力、出世還是世間的目標，都無法實現，我們感到沮喪。

在這種情形下，與其抱怨或爲自憐，不如認清這是**因爲我總是阻擾崇高的善知識**：三寶和上師，他們意向是善的。過去我們也許大聲講話、放音樂或拿走禪修者的食物，而打擾了禪修者；叫佛法學生去做微不足道的事，干擾他們讀書；妨礙社區慈善工作；也許我們是政府官員，干擾了寺院的活動，或像中國文化大革命期間，毀壞了寺院和佛像，強迫僧人還俗，燒燬佛經。

認識了這些行動的毀壞效應，我們就要下決心：**自今以後，我將終止一切干擾的行爲**。當聖人或凡夫建造醫院和學校來利益社會；或展開戒毒或戒酒計畫；或爲老人送食物；或輔導弱勢兒童，我們便支持他們的活動，不製造問題或障礙，並鼓勵人們採取清淨的心態和行爲，助人實現發心。

這些偈頌都要我們記得自他交換修行。本頌裡，對深感挫敗、無一事稱心如意、覺得沮喪或受到誤解的人們，承當他們的痛苦，我們轉化身體、財產和功德，成爲他們需要去實現的美善目標，而且我們隨喜他們的成功，包括修行成功，因爲可以帶來永續的快樂。

〇二一

我的所作所為都無法讓上師高興，
這是惡業的利器回轉我身，
因為我總是違於正法；
自今以後，我將不違背正法。

當上師對我們的行爲不悅時，我們內心感到不安，也許會責怪上師，以爲他們對我們漠不關心，或不尊敬、不欣賞、不了解我們，甚至還以爲他們想控制我們，要不，我們也可能退避一隅，告訴自己，我們這裡、那裡不夠好，這些反應讓人陷在自我中心的泥沼裡，不能精準理解情況。

事實上，上師對我們不悅，是因爲我們前世不當的行爲，也許自己粗魯、不可靠、欺騙，在上師面前看來像優秀的學生，背後卻行爲不檢，因此無助修行。我們也許相信自己行得正、坐得端，對上師恭敬，但是我們需要隨時禮貌而且慈悲，對任何人都一樣。我們騙不了業力和業果的作用。眞正的問題在於動機，而不是上師是否看著我們。我們僞善、揚己之善、隱己之惡，遠離上師。我們若對上師不忠誠，或者傲慢地拒絕他們的建議，上師就無從幫助我們。

有時候我們挑選自己想要聽從的建議、能讓自我龍心大悅的建議，或者當我們和上師在一起時，答應做一些事，卻沒能繼續完成。要不，我們從這位上師到另外一位上師，再要求給個建議，卻一個都聽不進去。這樣的行爲只會爲修行製造更多路障。

我們對上師直率而誠實，才能打開心門接受到他給予的利益，因爲拜上師之前，必然認識他，我們已經決定，這是一位富於知識、值得信賴、關心弟子修行進展的人，因此若師徒之間存有芥蒂，我們不會責怪上師或逕行撤退，反會檢視自己的思想和行爲，直到揪出錯處，才對治過失，恢復與上師的關係，和以前一樣自在、親近。

想和上師之間有理想的關係，我們決心**將不違背正法**，盡力持守上師傳授的戒行。我們的語行和身行都必須做到誠實，服侍上師也要很可靠，並謙卑地承認自己的錯誤，不欺騙，也不僞裝。

〇二二

人人指責我的話語，
這是惡業的利器回轉我身，
因為我總是藐視慚、愧法；
自今以後，我將不做令人不安的行為。

我們會碰到一些情況：他人對我們缺乏信心、懷疑我們做決定的智慧，有時候這是有理由的，我們清楚自己在做什麼，他人仍不斷質疑。我們也許居於領導位置，跟隨者卻反駁並挑戰訂下的目標、計畫和執行方法。我們必須知道，這是因爲自己**總是藐視慚、愧法**。

慚是防止我們做不善行的心所，因爲我們有自尊和價值。舉例來說，當我們有機會說謊、操縱或欺騙他人，我們會想：「我重視佛法，而且希望遵照佛法生活，所以我不會做這種事。」愧是節制我們不善行的心所，因為我們不希望不善行在他人身上發生不利的影響，尤其是讓他們對佛法或對人性失去信心。舉例而言，僧眾著僧袍、持戒、不妄語，使人不致對僧團失去信心。我們知道如果言行粗暴或魯莽，或懷著怨氣和邪見，佛菩薩會不悅，我們就不做這樣的事。這兩種心所（慚和愧）能根除不善行。沒有慚和愧，我們會完全不計後果或昧著良心做事，它們是能過倫理生活和善行的關鍵。

缺乏慚愧，我們會遭致業力的回力棒（自己會感受到以前讓別人感受不好的情況），因此知道要有慚愧心。有了慚愧，就**不做令人不安的行為**，例如不行十不善業。我們盡力不違犯戒行，不讓他人對三寶失去信心。做為一個善友，彼此提醒不恰當的行為，如果他人提點我們時，別生起防衛心，應聽進他們的話。

執著聲名和愧是「近敵」，換句話說，兩者在某方面看起來很相似，其實是非常不一樣的。執著於聲名和讚美，完全是自我中心（我們希望看起來很棒），但愧是真正地關心他人，如果我們的動機是取悅別人，我們會收到讚美、贊同，獲得好聲名，要是沒有得到，心態就會酸溜溜，而且生起氣來。當我們有愧，我們不會執著聲名，只做我們認為最好的事。

○二三

友伴才相聚便發生爭執，拂袖而去，
這是惡業的利器回轉我身，
因為我總是將劣習加諸他人；
自今以後，我將隨處都維持好品德。

家人、朋友或同事剛聚在一起，就開始爭論、鬥嘴。住在寺院裡，學生和僧伽不能和合。和難相處的人在一起，不停地爭執，是很不愉快的。

當我們面臨這種不愉快，會隨念這是因爲**我總是將劣習加諸他人**，有時候我們難以接受一部分的我喜歡惹事、很多要求、控制他人，或不能與人合作等。我這樣做，擾動了他人的心，現在我們發現周遭有人擾動我們的心，實在沒有理由抱怨：我們以前的行爲造作了這樣的因。

九一一之後，美國政府派遣軍隊去阿富汗，然後又去伊拉克。就我個人而言，我並不希望牽涉在這些國家的戰爭裡，我個人處理傷害或獨裁者的方法不一樣，我感到困住了：我卡在其他人的爭執當中，沒有選擇。

我當時想：「我雖然不同意賓拉登、海珊、布希的政策，可是我並不能因爲不安而怪罪他們。業因在於我過去世的行爲，我粗魯、愛吵架、彆扭、不合作，我煽動暴力，並且挑起爭鬥。也許我過去世是政府的領導人，發動過戰爭，或拒絕、違反了停火協議，雖然想到我做過這樣的事，並不愉快，但不能排除這樣的可能性。畢竟，我們在無始的輪迴當中，當過每一種人，做過每一種事。」

於是我們決意，**我將隨處都維持好品德**。無論我們在哪裡，跟什麼人在一起，我們都會眞誠聆聽他人的感受和需要，誠懇解決衝突，用正念和慈心來行動。我們注意並尊重文化的差異，我們討論選項，腦力激盪，不會把我們的想法和行爲強加於別人。

〇二四

所有親近的人都與我反目成仇，
這是惡業的利器回轉我身，
因為我總是心懷害意和惡意；
自今以後，我將不再諂、誑。

人類是社會動物，因此，親友對我們非常重要。當珍視並依賴的人轉爲敵人，在人我關係裡的傾軋和誤解，是非常痛苦而且麻煩的事：配偶不能相處，善友衝突，親子之間不願親近。

我們別責怪別人，而要知道這是過去世我們**總是心懷害意和惡意**，不懷好意、破壞別人的計畫、遇著一點冒犯，就要以牙還牙。我們裝模作樣好像擁有並不具備的好品德和善巧，隱匿自己的錯處、疑慮、和對別人犯的錯。因爲這樣，親近的人不再信任我們，離得遠遠的，甚至避之惟恐不及。

我們從過去的錯誤學習，未來不再造作同樣行爲的因，我們決意：**自今以後，我將不再諂、誑**。這兩種心所往往互相耦合，誑，包括不誠實藏匿我們不願讓人家知道的壞習慣。諂，包括假裝表現出我們所沒有的好品格。此處，執著於八種世法，絕對有一席之地，我們浮誇地表現出假象中的那人，好讓人家喜歡自己，爲我們做事。

從這個動機推動的意向和行爲，是各種形式的撒謊，假裝我們自以爲是的那種人，過一陣子，我們對自己的錯誤就不了了之。動物也許缺乏寶貴的人身，但至少誠實，人類則不然，我們炫耀以博取注意，其實阻礙了我們未來世遇見優秀的上師，如果我們對上師不能誠實而且透明，老師怎麼能教導我們？我們的行爲切斷了值遇佛法的命脈。因此，爲了自己和他人的利益，我們必須不再有諂、誑的意向和行爲。

5

我何其不幸：處理疾病、放逸和散亂

○二五

我癱疽水腫、痼疾纏身，
這是惡業的利器回轉我身，
因為我總是不正當、無良地盜用他人財物。
自今以後，我將不再把他人財物據為己有。

我們也許得了無法痊癒的慢性病或健康亮紅燈，這不僅僅是運氣不好，其實是我們過去世或許**不正當地、無良地盜用他人財物**：也許我們偷了他人的所有物，沒有得到允許而擅自使用；也許濫用了他人借給我們的財物；或把共同財物據爲己有。財務顧問、銀行或股票經紀人必須特別小心這一點。因爲貪婪，濫用他人錢財或摧殘國家的經濟福祉，是不負責任的行爲，也許你今世暫時富有，卻會導致未來世長期健康出問題或極度貧窮。

盜用三寶的物品尤其是重不善業，有人也許拿了佛龕上供養佛陀的食物、金錢或珠寶；濫用僧團的財物（例如從他們的圖書館借書不還，或服務僧團時浪費資源），是非常重的業，因爲他們是一大群修習善法的人。要淨化這樣的業，我們必須把東西歸還同一群人。

出家人不得在接受食物、衣服、臥具、醫藥四資具後，濫用供養，不持守戒行。由於這些供養都是出於對三寶的尊重和信心，所以必須善巧運用，不要浪費或輕浮濫用，因此每一位出家人每一回用齋之前，都對收到的供養物思惟因果和他人的善心，我們正念進食，不抱怨食物，食畢將功德回向給供養者的身心健康。

自今以後，我將不再把他人財物據爲己有。如果我們爲企業管理財務，應十分審愼，如果有人捐款給佛法中心、道場或寺院，必須用做捐贈者所指定的用途；如果捐贈者捐錢給出家人的醫療之用，就必須專款專用，如果我們希望變更用途，必須向捐贈者解釋，請求應允，尊敬他人的財物會創造人與人之間的信任。

〇二六

我突然傳染病纏身，
這是惡業的利器回轉我身，
因為我總是違損自己的誓言；
自今以後，我將斷離不善業。

前一頌指慢性病，本頌是指突發又強力的急病。例如感染了伊波拉病毒或非典

（SARS），或出了意外，這是因爲**我總是違損自己的誓言**。

誓言特別指的是密宗根本戒，但同時也包含五戒、出家戒律和菩薩戒。我們受五戒時，在三寶和上師面前承諾會努力做到，當然，如果我們可以完美持守五戒，就不需要受戒了，但有煩惱的有情眾生不免會違犯。我們應該盡力去持守五戒，一旦違犯，便做淨化的修行。

三世紀的印度聖者無著菩薩在《菩薩地持經》❶（*Bodhisattva-bhūmi*）描述菩薩的階段，形容有四種違犯會發生：⑴無明，不知道什麼會造成違犯，什麼不會。⑵即使知道界限，卻不尊重戒行和三寶等等。⑶即使尊重，但缺乏正知見、正念和正知。⑷即使我們知道戒行、尊重它，而且也有正知見，但我們有強烈的煩惱。因此我們必須⑴聞法，這樣我們就知道戒行，如何會造成違犯。⑵思惟持戒的好處，違犯的過患，尊重戒律和一般合於道德的行爲。⑶培育正知見、正念和正知，因此我們能記得戒行。⑷對不同的煩惱，修行對治法門，煩惱生起的時候，我們就可以反制他們。

有時候我們違犯了戒行，必須用四力對治法來懺悔不善行，並且淨化，防止或減少以後會感得的惡果。我們前面提過，四力是⑴懺悔力：懺悔我們不善的身行、語行和意行（卻不是罪疚）。⑵依止力：皈依三寶，並發菩提心來轉化我們對傷害過的人、聖人和有情眾生的心態，我們努力恢復與他們的關係。⑶防護力：決意避免重蹈覆轍。⑷對治力：對治行動，如大禮拜或供養，念誦密咒或佛陀名號、思惟菩提心或無自性空、提供服務或在慈善機構做義工。另外一個淨化的方法，就是做自他交換修行，與其把痛苦推走，淨化自我中心和我執更好的方法是承擔他人的痛苦，給予他們喜悅和快樂。

尤其是許多出家戒可以用布薩的方法來還淨，菩薩戒可以在上師面前或觀想在佛和菩薩前，或念誦菩提心頌文可以還淨；密宗戒和修行誓願可於再次灌頂時重受，在閉關或修行結束後自灌頂，或念誦十萬遍百字明咒。

在受戒或承諾之前，我們要做適當的準備，仔細考慮是否將要承當。現今有些人希望受持密宗灌頂，卻不知道接受灌頂要受戒，他們希望接受更高的修行和更高階的法教，卻不想放棄殺生、不智慧且不慈悲的性行爲、說謊或服用影響神志之物——世俗之人都看得出過患的五種行爲。正如建造房子，在地基和牆壁都沒著落前，就想蓋屋頂，只會白費工，搞得一團糟。

❶又稱《菩薩地經》、《地持經》、《菩薩戒經》、《菩薩地持論》、《地持論》。北涼曇無讖譯。收於大正藏第三十冊。《地持經》雖稱「經」，但本應屬「論」，傳說係無著記錄彌勒之說法而成；然漢譯《瑜伽師地論》則視其為彌勒菩薩所作；至於西藏譯本，仍認為係無著之作品。

有人對接受密宗灌頂深感壓力。朋友說：「你必須灌頂，因爲你永遠不知道還有沒有這樣的機會！」因此他們去受戒，卻沒想好要去持守。過了一陣子，他們說：「我受了密宗戒，但是我不想守戒，密宗修行太高階了，我可不可以退還？」這很困難，因爲他們已經受了成佛路上需持守的戒。

我們決意，**自今以後，我將斷離不善業**，我們應該盡力守戒，包括我們的皈依指導和五在家戒，守戒能使修行精進，人際關係和諧，防止罪疚和懊悔，我們不該把戒律或指導綱領看成不得已而必須付的稅，應視爲修行增上的助力，它讓我們注意到從未想到的行爲規矩。守戒清淨，會保護我們不做不好的行爲。

〇二七

我對一切學習，心中迷闇，

這是惡業的利器回轉我身，

因為我總是輕棄正法，等閒視之；

自今以後，我將培育聞、思、修等慧。

有時候，我們一坐下來研讀，就覺得無聊、打瞌睡或心不安分，沒學到東西。我們聆聽法教、研讀法本，但記不住重點，當我們觀修，得不出適當的結論，這是因爲**我總是輕棄正法，等閒視之**，比如因循拖延、不認眞接受法教，也許想：「我聽過了，不需要再聽一次。」「我累了，明天再禪修。」「等狀況比較好的時候，會開始前行。」同時，我們卻去找樂子，心思被智慧型手機、網路或最新的電腦產品拉走。正因爲超載的資訊使人們麻木，批判性思考的能力就下降了。這讓我們沒有興趣，也沒有時間去聞、思、修佛法，把心塞滿了沒意義或目的的無用資訊，讓無明更增長。

我們這樣的佛法修行者，需要知道世界局勢、國際社會如何運作，成爲負責的地球公民。我們也必須在討論佛法時，舉出人類生命的例子，我們可以把菩提道次第應用於現實局勢，舉例來說，思惟戰爭的原因，我們看到執著和憎恨扮演了要角，「自我中心」只關心眼前的快樂，忽視所處環境的未來果報。國與國關係的改變是很好的例子，說明執著朋友、憎恨敵人、冷對陌生人有多愚癡，也提醒我們對所有人都平等關懷，長遠來看更合情理。目睹世間的苦況提醒我們，體察業力和業果有多重要。

仔細的檢視之後，我們也許會發現**我總是輕棄正法，等閒視之**。例如我們根據世俗的價值來做決定，怎樣才能賺更多錢？怎樣才最舒適？也許爲了職涯或感情關係，而輕棄佛法。

總而言之，我們分心了，要不就從事一些不可能帶來究竟快樂的活動，而棄捨修學帶給我們的機會。

這並不表示我們是「壞」人，或「失敗者」，我們盡力了，然而必須對自己的選擇和行動負責，畢竟，沒人讓我們無明。如果用世俗的觀點來做決定或活動，我們就給自己設下了障礙，我們如果弄不清楚如何過有意義的生活，那是因爲我們過去沒有好好聽聞、思惟佛法的果報。大師建議解決問題良方：就是**培育聞、思、修等慧**。從聞慧開始——聆聽佛法開示，並研讀法本；然後反思，我們學到什麼來除去疑惑和錯誤的見解，再正確理解；第三，我們思惟材料，整合到心流中，就會產生穩定的改變。

我們必須瞭解什麼是佛法，什麼不是，才能夠聞、思、修。也許有人以爲日夜研讀佛法、背誦經典、辯論經義，就是學習佛法，然而如果動機是學習佛法，以便出名、賺錢或成爲有影響力的老師，那麼無論這人有多少學生，他並沒有實質的修行。

眞正佛法的發心是：造作投生善道的業因、發心解脫、或爲度化有情眾生而成佛。我們需要時間和修行，以培育發心並使它穩定，這樣，發心才會自然生起。同時我們自覺地培育菩提心，每天早晨展開活動之前，我們思惟發菩提心和以下偈頌：

我皈依佛法僧三寶，直到成佛。
我修行布施和其他波羅蜜的功德，願我成佛以利益一切有情眾生。

〇二八

我一修行就睏倦難當，
這是惡業的利器回轉我身，
因為我總是累造障道之因；
自今以後，為了修學佛法，我將心甘情願面對一切逆境。

很多人都有這樣的經驗，一坐下來打坐就開始打盹，有些人甚至懶得走到坐墊那裡去。我們睡了一夜好覺，但是心很遲鈍，無法專注於禪修所緣。

這是因爲我們以前藐視有學問的人和虔誠的修行者，**因爲我總是累造障道之因**，尤其是譭謗僧伽，不感謝他們所做的事，也不欣賞他們對於保存和傳布佛法的重要性。舉例來說，有時候我們聽到人們說：「僧伽是宗法、階級的，而且僵硬，我們不再需要了。」「出家人不工作，卻指望我們來支援他們。」貶低這些誠心修行佛法的人，會遮蔽我們的心，而且未來世不會投生在有僧伽的地方。

我們累積了許多法障，因爲我們不尊重描述滅和正道的法本，我們把佛書放在地板上，把咖啡杯放在書上，而且跨過它們，相反的，我們不會這樣對待薪水支票！而會把它放在乾淨的地方，好好保管，看起來我們對鈔票、信用卡、支票比佛陀解脫法教的法本更尊敬、感謝。

想想看，在世界許多地方要找到佛教經典是多麼困難，想像有一個人對佛法有強烈的興趣，卻無法找到上師、經典或其他也懂得佛法的人。也許我們住在窮困的國家、一直有戰爭的地方，或一個不允許宗教自由的國家。不尊重僧伽、經典和佛像、上師等行爲，會使我們投生在惡劣的環境。

要淨化這樣的不善業，並且建立新的行爲模式，我們決意，**爲了修學佛法，我將心甘情願面對一切逆境**。我們願意承擔成佛之道上所面臨的困難，用修心的法教來轉化，把逆緣轉爲道用，去除我們的**累造障道之因**。悉達多・喬達摩和阿底峽棄捨了皇宮裡奢華的生活，出家修道。我的老師爲了能研讀和修行，逃離西藏，成爲印度的難民，忍受劇烈的天氣變化，許多親朋都病倒或喪命，他們開墾南印度有大象和老虎的叢林，以建立寺院，繼續學習。

一九五九年以前的西藏人，必須在偏遠的地區行走數月，冒著遭遇強盜、寒冷天氣的風險，去中西藏的三大寺院學習，他們沒有篷車，更不要說汽車，火車或飛機，人們願意一路苦行、騎著犛牛，甚至沿途作大禮拜直到拉薩。

我遇見佛法的時候，在美國沒有任何藏傳佛教中心，我必須遷居至尼泊爾和印度，那時，當地的寺院非常窮困，沒有活水和室內水管，伙食很差，醫藥也有限，柯槃寺的禪修課程在帳篷下進行，骯髒的地鋪著草席，上面有許多跳蚤，我們住在年久失修的房子裡，得了肝炎、痢疾和流行性感冒。簽證問題常常干擾學習和閉關，但是我們願意聞法並修行。佛法貼近我們的心，而且眞切希望向優秀的老師看齊。

我們應具備爲佛法忍受艱辛的能力，這樣，心力就更堅強。開始感謝現有的機會，而且善巧地運用這些機會。要是事情得來太容易，我們往往視爲理所當然，反而變懶惰了，現在我們被寵壞了，抱怨開半小時車到佛法中心太遠了，也抱怨必須上佛法課而錯失了社交活動，或必須早起十五分鐘來禪修。

我們生活忙碌，希望佛法到我們這裡來，看我們的方便，時間長短也適合我們，老師應該來到我們住的地方，開示應該準時開始、準時結束，因爲我們行程很滿，其他人也應該在開始以前就把場地準備好。

我們若眞的重視佛法，就願意去承受這一切艱辛，因爲我們知道目標是有意義的。我們到底爲什麼不能爲佛法忍受艱辛？因爲我們執著於這一世的快樂、自我中心和我執。我們認清楚這些是眞正的敵人，讓我們陷於輪迴，便開始修學對治的方法。只要我們不執著於這一世的快樂，忍受艱辛就容易了。事實上，我們不再視不舒適或不方便爲無法忍受的情況，因爲整個心充滿法喜。

多年前，我去西藏朝聖宗喀巴大師做了三百五十萬次大禮拜的地方，看見大師的身體在石頭上磨出痕跡。當我們大禮拜的時候，會把地毯和墊子放在膝蓋下，讓自己舒服一點，或準備很好的大禮拜板子。宗喀巴做曼陀羅供養時，用一個石頭當做基座，因此額頭直接碰在石頭上而流血，你可以看見石頭上自然出現的花朵和眞言的印記❷。

想到有行者願意承受這樣的艱辛，我們便更精進於清淨的修行。然而，我們也不應該走到相反的極端，認爲自己是大氣慨的行者，故意受苦，這只是自我從中作祟。在柯槃寺，只要有人想這樣做，耶喜喇嘛會阻止他們。曾有一位西方比丘睡在又冷又硬的磚地上，喇嘛喝叱這位比丘：「不要走密勒日巴的路子！找張床墊來。」

一個人的艱辛並不必然是另一個人的艱辛，我們需要彈性處理自己的情況。有人獨處很容易，有人就非常困難；有人處眾很容易，有人就很艱辛。根據個人的業力，凡感覺艱辛的，就是我們需要去處理的。

〇二九

我愛著煩惱、心神散逸，
這是惡業的利器回轉我身，
因為我未嘗思惟無常和輪迴的過患；
自今以後，我將更加策力厭離生死輪迴。

當我們禪修、研讀或聆聽開示時，往往回憶湧上心頭或大做白日夢，於是生起煩惱，把原來美善的活動抵銷了。我們貪愛執著，想像變富有、出名、被愛、受尊敬，把貪執和佛法混在一起，我們做著白日夢，夢想要去閉關、曾有殊勝的禪修經驗、以後人家會怎樣尊敬我們。我們懷著瞋恨和報仇之心，心裡想著別人的錯處、計畫如何才能扳回一城。當我們在社區當義工，卻懷疑所做所爲是否會帶來樂果。

❷《宗喀巴大師傳》中記載，大師在曲龍寺苦修時，以一塊石板代替曼扎盤：「大師以磐石作大曼陀羅，殷勤禮供，指端俱裂；磨拭盤壇，腕部全損。痛苦雖加，毫無懈怠；勇猛精進，曾無少間。」

出現這樣的障礙，是因爲**我未嘗思惟無常和輪迴的過患**，因此期待輪迴的欲樂會帶來永續的快樂，我們思惟**無常和輪迴的過患**，可挫敗一些不切實際的白日夢，令心清明，更加**策力厭離生死輪迴**。

許多人不喜聆聽無常和輪迴過患的開示，他們寧願去做慈心和悲心的禪修，讓自己感覺良好；他們寧願思惟觀音或其他神祉、做美麗的觀想或誦咒；有些人首先把精力放在大圓滿或大手印，因爲據說可導向最高的禪修境界。我們的自我中心寧願去做一些感覺輕安和快樂的禪修。

然而現實是這樣的：如果沒有看到粗顯或細微的無常——死亡和一切法剎那生滅的本性，我們就看不到實相的本質，爲什麼？因爲我們不認爲自己會死，優先順序就會模糊，而且修行會缺乏力量和持續性。我們思惟自己稍縱即逝的本質，可澄清生命的目的，也開始拆解我們終生創造、維持並保護的「自我」結構。念死、念無常，會讓我們有心理準備，有一天必須和親友、身體及所有物分離。

以個人來說，我發現清醒思惟無常、死亡和輪迴的過患，是一個解放。這些反思會讓我們看到生命的實相，我們的心和實相更加一致，心就更加清明、平靜和熱情。舉例來說，舒適的衣食住行也許很好，但不會帶來究竟的快樂，同樣也適用於很精采的人際關係；很美好的財物、名譽、讚美和尊榮，這些不僅會消失，而且擁有並不保證現世的快樂。經驗告訴我們，我們會擔心失去自己所擁有的好東西，擔心有人擁有的更多、更好，焦慮潛伏在我們的內心深處，憂懼生命會結束，即使身體健康，我們也無法放鬆享受。生命結束時，我們會生氣，說生命對我們好殘酷！

輪迴就像囚牢，但只要我們看輪迴是座豪華酒店，有按摩浴、健身器材和娛樂設備，就不想離開。只要我們看囚牢就是囚牢，就會走開了。發心從輪迴中解脫，是修道的基本動力，沒有這樣的發心，就不可能發菩提心。因此，若想在修道上有所進展，我們必須願意做這些初步的思惟，打破我們對世界和自己的執實觀念。但我們思惟得越多，越會看到佛陀法教中的眞理，而且想培育善的素質，制伏不良習性。

〇三〇

無論我如何努力，一切事物仍困頓挫敗，
這是惡業的利器回轉我身，
因為我總是輕毀業報和因果的法則。
自今以後，我將精進地積集福德。

有時候，我們處在一種情況：無論做什麼，總是越來越糟。我們努力經營企業，卻破產了。爲退休存錢，股票市場卻大跌。不管我們多努力，個人成長都追不上摯愛的人。珍視的友誼瓦解。得不到自以爲會獲得的認可或關愛。在修行上，雖然有一些進展，然而，放逸壓垮了我們，每天的禪修終於放棄。我們的心霧濛濛的，不能一心專注。

若是這樣，別哀聲嘆氣，應認識到過去我們沒有認眞看待業力和業果，也許只是理解業力如何運作，過著日子彷彿眞以爲自己的行爲合於道德條件，那麼，在未來，我們的習性和偏好將會遇見很多挑戰。

若業力的教法眞正入心，我們必會在財物和財務方面更加慷慨。若遭傷害，我們必不會渴望報復。我們必會每日精進禪修，因爲深知禪修的益處。我們也會根據更明智的標準而做出決定：「哪種選擇可加強戒行？哪種選擇可促使菩提心生起，更能利益他人？哪種選擇更有利於理解空性，以及空性不礙緣起？」

我們要整頓這個情形，便決意：**自今以後，我將精進地積集福德**——善業。我們每天早上醒來，正向發心不要傷害他人，盡力利益他人，以菩提心爲發心。一天當中，持續提醒自己這個發心，並且根據發心來行動。用一天之中經常發生的事情來提醒正向的發心。舉例來說，每一次讀經論之前，先隨念利益他人的發心，每一次坐進車子裡，也這樣隨念。一位女士跟我說，每次孩子哭喊：「媽咪，過來！」她就停下來，提醒自己不要有壓力上身；如果我們這樣練習，任何人在高速公路上超我們的車，或向我們按喇叭，或說髒話，我們就說：「請自便。」我們反正會到達目的地，只不過是落後一輛車，沒有關係。爲了落實修行，我們必須和固執的自我中心和邪見拚搏，必須看到以佛法對治憤怒和貪愛的利益，而不只是陷在煩惱裡頭。承擔艱辛不必像密勒日巴那樣，住在山洞裡，喝蕁麻湯。此處的艱辛是處理頑固的心；有時候，住在山洞裡，可能還容易些呢！只要不斷修心，慈悲和智慧定將克服一切障礙。

6

別自找麻煩：克服修行的障礙

○三一

我拜懺禮佛卻未能如願以償，
這是惡業的利器回轉我身，
因為我總是繫望黑暗邪惡的力量；
自今以後，我將拒絕黑暗邪惡的力量。

許多人爲了健康、長壽、財富而拜懺禮佛，或要求僧團代做，有些人則爲佛法而做這些儀軌（禪修者需要長壽，才能有更多的時間修行，道場需要款項來建造寺院，供人修行），有人出於世俗的動機而拜懺禮佛，只爲這一世的快樂。要是儀軌沒有帶來預期的結果，這並不是因爲佛菩薩讓我們失望，而是因爲**我總是繫望黑暗邪惡的力量**。

依靠**黑暗邪惡的力量**有幾種意義，也許是依賴著世俗神祇來追求成功，而非皈依三寶。在此指人們不遵守業力和業果的法則，卻膜拜世俗的神祇；另外一個黑暗邪惡的力量，是我們的邪見和擾動的情緒，也讓我們造下不善業，就算拜懺禮佛，也得不到樂果，因爲不善業製造了障礙；黑暗邪惡的力量也指損友，我們不依靠上師及其教導，卻跟隨損友，他們鼓勵我們去報復傷害過我們的人、婚姻出軌，或騙人來累積財富。要再度避免造惡業感苦果，我決意**拒絕黑暗邪惡的力量**，保持對三寶的純淨皈依。

〇三二

我祈求三寶，所願卻無一實現，
這是惡業的利器回轉我身，
因為我們仍不深信佛陀的法教。
自今以後，讓我們以佛法僧三寶為唯一的依止。

當我們祈求**佛法僧三寶**，願望卻無一實現，我們不應怪罪於佛法僧，而應該知道，我們並沒有把自己託付給三寶、深信佛陀；我們沒有尊重聆聽佛陀的法教，並付諸修行。我們還對佛法僧挑毛病，我們也許批評過三寶，或竊取過屬於他們的物品，我們並沒有安住於皈依的指導綱領，綱領裡主要是說盡力幫助他人，如果做不到，至少也不要傷害他們。

一開始我們對佛陀和法教的信心並不是根據信念而來，因此我們或許能在理性上談談業力和業果，但是無意改變身、語、意的習性。我們寧願參加鼓吹自我中心的活動，聽他們告訴我們，喝酒或吸毒沒有問題，引誘我們把家用花在購物和賭博上，又慫恿我們毫無顧忌地說謊或滿不在乎地開車。

當我們認真地把法教融入修行，會發現法教很有效用，讓我們的心更清明、更平靜，這初始的經驗使我們對佛陀法教更具信心，信心並不是盲目的信仰，佛陀告誡我們要檢視法教，如煉金師試驗金子一樣：燒、切割、揉搓。在《卡拉瑪經》❶裡，他鼓勵我們運用理性，審察法教，實地修行，看法教是否有用。這樣做了之後，當我們面對有人持相反的見地，我們對成佛之道的信心也不會動搖，反而還會加強，因為我們能看清邪見的過患。

當我們決意**以佛法僧三寶為唯一的依止**，就把三寶當作行動指導綱領，無論是生活平靜，還是面對逆境。向三寶皈依，並不是說我們只向佛陀祈禱：「請幫我把事情變得順順利利。」認為我們一面喝著茶的時候，佛陀就幫我們把事情解決了！我們是祈請自己能夠記得曾經聽聞的法教；能夠修行，轉化我們的心，有智慧地處理遇到的情況。

舉例而言，要是生病了，我們也許會祈求佛陀讓我們痊癒，繼續修行，然而我們不能把佛陀當做全能的人，可隨其意志治癒疾病。佛陀並不是神，能掌控我們的生命，果眞有這樣的神，才是我們痛苦的主因！佛教說，不善業才是主因。

祈求佛陀鼓舞我們應用修心法門，把生病的經驗轉化為成佛之道，應更為切實有效。同時我們也應該祈求護佑我們從事淨化的修行，這樣我們又可以化解引起痛苦的不善業。總而言之，最好的就是從改變行為來改變現況。

《劍輪修心法》的每一頌都說解一個特定的業力會導致的不同情況，而做如是想：「我將省思生命，才知道做了什麼行為會造成這樣的情況，說不定過去世我也做了同樣的行為，如今我對這些傷人的行為後悔了，開始修學修心法門當做前行，若未來有同樣狀況發生，我不會根據同樣的失靈、慣性的行為來反應，會用不同的觀點來看待這個情況，轉化為道用。」

這是一個很好的皈依三寶方式，這樣來觀想金剛薩埵或觀世音，並修行「四力對治法」，就會對修行產生深刻的影響。

〇三三

我生起分別心，如惡障或鬼神附身，
這是惡業的利器回轉我身，
因為我積累不善業，激怒本尊及其密咒；
自今以後，我將盡除一切分別心。

❶《卡拉瑪經》（Kalama Sutta），《增支部》第三集第六十五經。內容為卡拉瑪人因各派教義不同，難以分辨是非真假，請教於佛陀，佛陀告訴他們不要立即接受或相信任何教義，應依據十個準則來自行判斷。

分別心，西藏語叫做 namtok，指我們心中所創造的錯覺、成見、錯誤的假設、編造的故事和信仰，如根深柢固的四顚倒見：以無常爲常，以不淨爲淨，以苦爲樂，以無我爲有我（第九十一頌描述了更多四顚倒見）。其他則比較粗顯：我們對周遭事件、投射於他人的、對他人動機所做的假定等種種錯誤的詮釋。

一些文化對鬼神的信仰非常強大，**惡障**是指附身的鬼神，人們將突然失去知覺、中風或心理疾病歸諸於這些鬼神的干擾，很難分辨什麼是外界的力量，什麼是由於生理或心理疾病造成的。達賴喇嘛指出許多疾病或傷害性的行爲，西藏人都會歸諸於鬼神的干預，其實是出於其他原因。

本頌指出我們的邪見是造成逆境的主因，偉大的西藏瑜伽士密勒日巴在禪修時受到鬼神干擾，質問他們：「你爲什麼來打擾我？」他們回答：「你的分別心邀請我們來。」換句話說，他的邪見產生或引來鬼神干擾。

當我們面臨干擾，讓我們隨念：這是因爲**我積累不善業**，**激怒本尊及其密咒**，我們過去世也許曾經灌頂卻沒有守戒，我們也許發願每天要做六座上師瑜伽，卻沒有持續下去。當我們感到自己有了心理問題或得了莫名其妙的疾病，就是過去的行動如回力棒一樣彈回我們。

對治的方法就是**盡除一切分別心**。除了上述之外，分別心也指出密宗稱的「俗形俗執」，也就是說，我們看事物非常世俗，而且眞眞實實存在，我們的心同意事物的表相，而且執著事物是世俗有、眞實有。例如，我們看自己是一個眞正存在的人，充滿缺點、缺乏慈心和悲心，而且無法改變壞習性。

在密宗的修行裡，與這個觀點相反的是「明現和天慢」，所謂「明現」，是指接受了密宗灌頂，視自己和同修皆如本尊，環境就像神的壇城，行動都是佛陀慈悲的行動，他們用的所緣境是純淨的，練習看一切事物都是空無自性，依因緣條件和概念而起。這樣修行，便因培育明現和天慢而拋棄了俗形俗執。

當我們的偏見增生——「我知道每個人都不喜歡我，在背地裡說我壞話。」那你怎麼用清明的明現和天慢來抵制這個念頭？人們接受了密教的灌頂之後，視自己和他人都像神祉，說話都像誦咒，當然不會想：「綠度母不喜歡我，文殊師利不想跟我說話，甚至金剛手菩薩在背後說我壞話！」改變觀點，就能反制視他人為敵人的慣性、自我中心和錯誤的觀念。

〇三四

我流離他方，不知何去何從，

這是惡業的利器回轉我身，

因為我總驅擯上師和他人遷居離席；

自今以後，我將不再逼迫任何人遷徙。

人們被迫離開家、國，出於不同的理由：自然災害、戰爭、恐怖主義、傳染病、政治問題、貧窮、環境災難、家庭矛盾，在此處，你無家可歸，而且無能積極改變這個情況，你被迫流亡，從你的家流亡，離開幫助你的人，留在你並不想定居的外國。

我們在過去世，甚至這一世，造了什麼因才淪落至此呢？因爲我們**總驅擯上師和他人遷居離席**。

我們也許想：「我絕對不會這樣做，甚至在過去世！」想想看，在中國文化大革命期間，原來正派可靠的人，居然彼此攻擊。弟子攻擊上師，指控他們是反革命分子；可憐的農人加入人民解放軍，想爲家裡掙錢，卻把整村弄得天翻地覆，迫使村人逃亡；或許我們是地主，把人們逐出家門，令他們以街爲家，只因爲欠了地租；或許我們是貪心的子女，強迫年老的父母離家；或許我們是他人的室友，對同住的人製造問題，迫使他搬走。這樣的行爲帶來了流離失所、不知所從的果報。

對治的解藥就是決意**不再逼迫任何人遷徙**。我們要關心他人，希望他們感覺心安，住在安全的地方。我們幫助人道安家組織建造房屋，爲遊民庇護所工作，幫助無家可歸的青少年繼續就學。

〇三五

我的農作物頻遭霜害雹害，
這是惡業的利器回轉我身，
因為我總是無法信守誓戒；
自今以後，我將嚴守承諾並嚴持淨戒。

在第二章，我們談到一個完整的行爲所帶來的業力和業果，其中之一就是增上果，即我們居住的地方。增上果就像是霜害和雹害，摧毀農作物和牲畜；或氣候改變、疫疾爆發而造成混亂，乃出於**我總是無法信守誓戒**。這發生在我們受持五戒、菩薩戒和密宗戒之後，卻不好好持守。同樣的，霜害和雹害會摧毀外在的農作物收穫。不遵守道德行爲會摧毀修行的收穫，增上果則是我們內心過程的外在顯現。

那麼我們如何對治？**自今以後，我將嚴守承諾並嚴持淨戒**。我們感受到戒行疏失的過患，決意今後要好好的持守。

我建議人們受持誓戒時，不妨慢慢來，對自己持守的能力有信心之後，再行受戒。在三皈依和受五戒之前，我建議他們參加一個皈依的讀書會，可以學到皈依三寶的意義，研讀五戒，與他人討論如何在日常生活遵守：哪些最難持守？哪些容易違犯？培育哪些心態你就可持守得很好？這樣一來，你就了解受持三皈依和五戒究竟要做些什麼？你的心會感到快樂，而且自信，事後不會產生懊悔和迷惑。同樣的，出家剃度、菩薩戒或密宗戒之前也應做好準備，這樣我們就具備充足的知識、自信和喜悅。

〇三六

我滿腹貪欲又資財匱損，
這是惡業的利器回轉我身，
因為我未布施大眾且疏於供養三寶；
自今以後，我將勤作布施和供養。

這是說我們非常貧困，卻充滿貪欲。我們有強烈的野心，想要擁有財富和地位，但負擔不起想要的東西，我們不需要像個受害者，責怪他人，吵著說生活有多麼不公平，我們需要了解，這是因為業力成熟了。既然痛苦是從過去的無明和自我中心的行為造成，沒有道理生別人的氣。

尤其是，我們**未布施大眾且疏於供養三寶**。布施是幫助「悲田」——有病的、貧窮的、需要的、不能照顧自己的、在逆境當中的、心理抑鬱或身體殘障的人。過去，當我們有機會幫助這些人，我們卻非常吝嗇或驕慢，掉過頭去，我們想的也許是：「這些人之所以貧窮，是因為不努力工作，我不會給他們任何東西，因為他們不配。」

我們也**疏於供養三寶**——這也稱為「福田」，因為用物資、服務和我們的修行來供養三寶，會創造福報。我們供養三寶，因為他們有許多善的素質，供養三寶會跟它們產生連結，造作善業，成為遇見並修行佛陀法教的助緣，也許我們會說些風涼話，使我們的吝嗇看似合情合理：「出家人應該像我們每個人一樣，出來找個工作，不只是坐著禪修，假裝很神聖。」造了這些業，若生於人道，便會失去財富，也可能受生於餓鬼道。

對治的方法就是我們決意**自今以後，我將勤作布施〔眾生〕和供養〔三寶〕**。我們不可囤積自己的財產，然後宣稱自己太窮，無法布施那些匱乏的人。我們許多人都有個抽屜裝滿用不著的多餘物品，我們害怕如果給出去，後來需要時就沒有了；同時，眾生正有需要，我們卻吝嗇不伸出援手。

供養三寶時要用品質良好的物品，例如避免把壓傷的水果放在佛龕上，卻把好的水果留給自己吃。無論布施還是供養，我們的心態應該是高興付出，不期待榮譽或回報。當我們供養佛法老師、寺院、道場或佛法中心，我們不應該想：「我捐了好大一筆錢，他們應該更重視我，給我一個好位子。」當布施給那些需要的人，我們不應該想：「現在他們可欠我的情了。」這樣的想法會汙染我們的動機，而且使布施只成爲另一個爲現世快樂而進行的活動，我們應該確定發心與佛法一致，至少爲來世投生善道，更好的是爲解脫，而比解脫更好的是，爲度一切有情眾生而上求佛道。這三種情況之下，所給出的可能相同，但我們的發心是決定行動的利益和果報最主要的因素。

我們的布施若出於善的發心，會立即因與他人連結而快樂。研究也指出，與他人分享，比起把東西留給自己，更加快樂。歡歡喜喜布施，造了許多善業，使內心喜悅。今世慷慨布施，帶來未來世的財富。甚至這一世，人們都喜愛慷慨布施、及時助人的人。

除了布施錢財和物資的財施之外，我們也可以付出時間，提供服務，助人完成計畫；需要情緒慰藉或信心的人，我們可以給予關懷和支持；保護遇險的人、動物和昆蟲是一種無畏施；而最好的布施是法施，發心引領他人走上成佛之道，予人法教，雖然我們此時還沒有能力教導他人，但不妨分享佛法的書籍，回答基礎的問題，並且邀請他們一起來參加開示或法會。要是朋友遭遇問題，問我們有無建議，我們可以用日常的言語，而不用佛教名相來分享佛法，畢竟，佛法許多部分與改變觀點有關，無關哲學或神學，大可以和在家人或其他信仰的人分享。

〇三七

我身醜貌陋，常遭他人輕凌，
這是惡業的利器回轉我身，
因為我總在嗔心大作時，塑造不莊嚴的佛像；
自今以後，我將耐心恭造莊嚴佛像。

如果我們生來畸形或殘障，或有個難看的身體，會感到身苦和心苦；如果老來讓人覺得沒用，或如果生病了，他人不願意靠近我們，也會感到痛苦。雖然這樣歧視或缺乏慈悲的行動，需要教育來反轉，但我們還是需要處理當下的感受。

看到他人對我們難看的身體有嫌惡反應而痛苦，其實不應生氣，要隨念這是因爲**我總是**

在瞋心大作時，塑造不莊嚴的佛像。我們也許曾因瞋怒而摧毀了佛塔和佛像（就像共產黨在西藏和中國內地所做的事），或在生氣時塑造醜陋的佛像。一般來說，身體難看是瞋心的果報，我們很容易看到因果關係：當我們發脾氣的時候，不但情緒惡劣，還有脹紅的面孔，突出的眼睛，尖厲的聲音，身體也變得醜陋。心中發瞋也會在未來世生得醜陋。

有一位比丘，身體很醜陋，聲音卻很悅耳，人們喜歡聽他唱誦，但一看見他，就退縮了。有神通的人看到他在前世建造一座佛塔（即代表佛心的紀念碑）的時候，不斷抱怨，給人看醜陋的臉色。佛塔完成後，他的心改變了，供養了一座鐘，給佛塔發出悅耳而且優雅的聲音。他醜陋的身體是源於建造佛塔時的瞋心，美麗的聲音則來自後來他供養悅音的鐘的果報。

我們現在決意**自今以後，我將耐心恭造莊嚴佛像**，如果我們作擦擦（tsa tsas，黏土或石膏的小佛陀像或神像）❷，應該懷著快樂的心耐心恭塑，確定形象莊嚴而且正確。我們注視佛像時，不會說出：「這尊佛陀很醜陋。」正等正覺的生命絕不致醜陋，只有藝術性高下與否的問題。

雖然，長相好看並不是我們生命的主要目的，但如果我們希望利益眾生，長相讓人愉快還是很有幫助的，人們若喜歡我們，我們才有機會分享佛法。然而如果比丘或比丘尼長得太吸引人，守戒會較有難度！最好是中等姿色，看起來令人愉快，但不會有人向你眉目傳情。

人們常問，出家人爲何剃頭？除了象徵我們努力捨棄貪、瞋、癡三毒的心態之外，也除掉了跟身態之美最有關的事：頭髮。當我告訴青少年，我要培養內在的莊嚴（慈心、愛、寬恕等等）而不是外表的美麗，他們都目瞪口呆。我解釋，因爲受到我內在莊嚴所吸引的人會比受到我長相吸引的人，成爲更好的朋友，他們非常驚訝。在一個什麼都用美麗的身體和性來行銷的社會中，培育自身內在之美，並重視他人內在美，是非常獨樹一幟的想法。

〇三八

無論我做任何事，都受到貪和瞋的困擾，
這是惡業的利器回轉我身，
因為我總任未經降伏的不善心堅植心底；
自今以後，我將徹底根除你——這個「自我」。

❷指一種模製的泥佛或泥塔，源自印度，約七世紀傳入西藏，通過金屬模具擠壓成型，膠泥中摻有麥粒、珍寶粉末、香料或高僧的骨灰舍利等。在早期，圖案主要為印度風格，後來西藏開始自製模具，便出現神靈佛像和六字真言等當地風格。

有時候我們的心充滿了貪愛和敵意，不管我們用什麼方法對治，煩惱都不會減少，我們注意到自己充滿憤怒，於是思惟安忍和慈心，但瞋心只減少了一點點。我們或思惟體內種種不淨，但心中仍充滿欲望，我們**未經降伏的不善心堅植心底**而且倔強。

爲什麼呢？過去世我們也有相似的欲望、瞋心、嫉妒和驕慢，並且任它在心中自由馳騁，於是它就盤據穩固了，雖然我們聽過許多開示，知道自我中心的過患和珍愛他人的利益，還是頑固地抓著我或我的（me, I, my, mine）。如果我們曾特意制止它，倒不是因爲我們關心別人，而是因爲我們自私地不想受到批評或名聲變壞。

這個對治的解藥就是**我將徹底根除你——這個「自我」**。在此，「我」指執著有一個有自性的自我和自我中心。我們強烈決意：要注意我執和自我中心的生起並制伏它們。這很困難，因爲我們很習慣它們生起，根本就注意不到，更別說認識到它們有破壞力量了。我們反而相信它們的觀點是眞眞實實的：有一個獨立的「我」，我們是宇宙中最重要的人。

我們必須有勇氣、安忍、精進、勝解輪迴的恐怖，才能夠減少我執和自我中心。我們必須願意忍受——因面對無明和自我中心而引起的短暫不安，才能夠從它們之中解脫，獲得長期的利益。

一般來說，如果一個特定的行爲可帶來短期和長期的利益，我們就應該去實踐。如果長程、短程都帶來問題，就應該避免。但如這行爲現在帶來利益，往後卻會帶來問題，就最好避免。如果現在帶來一些困難，以後卻會帶來利益，那麼就應該去做。後兩者更困難，由於我執和自我中心，我們總是耽溺立即的快樂和享樂。然而，只要我們努力思惟輪迴的過患，以及我執和自我中心在我們身上產生的局限，解脫和成佛的決意就增強了。

實際對治無明和煩惱的解藥，就是直接體悟究竟眞理（人與法皆空無自性）的智慧。對治自我中心的解藥就是慈心、悲心和菩提心。要培育菩提心，我們必須依賴兩個方法：七重因果教授、自他交換修心法。我們不在本書深入介紹，僅推薦蔣巴．德卻格西（Geshe Jampa Tegchok）的《轉逆境爲喜悅和勇氣》（*Transforming Adversity into Joy and Courage*）這是《佛子行三十七頌》的註釋書，也是另一個修心的法本。只要我們有珍貴的人身，便可以運用人身修行佛陀所教的方法，來淨化心中所有的煩惱，盡力培育一切善法。

○三九

我的禪修無法有所進展，
這是惡業的利器回轉我身，
因為懷著下劣見解；

自今以後，我的一切作為只為利他。

我們在菩提道次第上觀修，但內心像乾燥的沙漠；我們作密宗的修行，卻滿心不確定觀想是否有效；我們努力培育平靜，反而打瞌睡。此時，我們不要讓疑惑和沮喪威脅到我們的修行，需要記得，障礙是因爲**懷著下劣見解**。

有害的觀點是我們過去世或現在世所持有的邪見，包括以爲佛法修行不重要、成佛不可能、我們的行爲沒有倫理道德的面向、自我中心才不會被人占便宜。有害的觀點也指八種世法、不善的動機、不信從上師智慧的教導。

如何改進？**自今以後，我的一切作爲只爲利他**，我們決意把自己的動機完全反轉過來。努力利他，並不是說變成譁眾取寵的人，或只爲避免不愉快的事，或得到一直想要的事物。只爲了他人而行動，意思是看他人跟自己一樣，甚至比自己還重要。最清淨的利他就是菩提心，即爲利他而上求佛道的發心。

有人誤信慈心、悲心、菩提心，是讓人人快樂，這是不可能的。輪迴中的眾生從來不知足！在不傷害他人的前提之下，以慈心盡一切努力讓他們快樂。

有人則相信，爲他人的福祉努力，是不顧自己，這也是不正確的。我們必須有智慧地照顧好自己，使身體健康，內心知足，並且熱切學習。其中沒有自我耽溺，而是爲了保持珍貴的人身，成爲佛法修行的車乘。

說到這裡，你也許會想：「法護大師可不可以放我輕鬆一下？他可不可以別一直說每件事都是我的錯？」其實法護大師只是指出，過去以爲我執和自我中心是我們的朋友，實際上是我們痛苦的主因。大師沒有責怪我們，因爲他了解這兩個心態不等同於我們，我們可以培育智慧和慈悲，來制伏並根除這兩個不善的因素。事實上，法護大師對我們能夠根除這些障礙並且成佛有充分的信心。爲此，他投入時間和精力來造這些偈頌。所以一旦認出迷惑人心的詭計，不要沮喪，反而應覺得輕鬆，因爲你現在終於知道如何能爲自己，也爲他人帶來永續的平靜和知足。

〇四〇

我極力修行，卻無法馴服狂心，
這是惡業的利器回轉我身，
因為我熱切追求現世利益；
自今以後，我將精勤策發朝向解脫。

大多數人都非常熟悉這樣的情形，我們的心非常粗糙、不受管束，而且叛逆。雖然我們努力修行，還是持續生起煩擾的情緒，一再做出發心不再犯的行為。我們做大禮拜，卻沒有變得更謙卑，反而更傲慢：「我真是個修行人啊！」我們做金剛薩埵來淨化不善心，卻嫉妒別人搶在我們之前完成了閉關。

這是由於八種世法「如影隨形」：尤其是想成為重要人物、有好名聲。我們想變成公司總裁或佛法中心主任，被雜誌專題報導；或以一位優秀的馴馬師、園藝師、攀岩手、執行長而出名。我們也許做過清淨的修行，卻由於敗壞的發心，尋求聲名、贊同、供養、讚美，而無法轉化我們的心。

好幾世紀以前，一位西藏的比丘聽說施主要來了，他就用莊嚴的供養物，把佛龕布置整潔，希望施主有個好印象而供養他。他突然意識到自己在做什麼，於是向佛龕扔灰，來打擊自我中心的心。他的老師有神通，注意到這個情形，說：「這位比丘制伏了自我中心，做了清淨的供養。」

我們只要追求世間的利益，便會以不順服的心不斷在輪迴中受生，我們需要修學禪法，以轉化發心，成為真正修行的發心。禪修的內容包括無常、輪迴之苦、煩惱生起之因，以及因十二緣起而在輪迴中一再受生的過程。我們感受到無明、煩惱和不善業的影響下，自己和他人都一再受苦，這樣可把心轉向解脫和成佛。這時，我們的發心是堂堂正正的，因爲專注於修行。同時，因爲動機清淨，八種世法不可能在心中現起。

當我們相信八種世法的光耀並不會讓我們快樂，便很容易發心棄捨輪迴，並決意要從中解脫。這樣的發心讓我們的心更平靜，因爲不會被糾結於不相關的事物。這發心必須以精進力培育。如果有人批評或責怪我們，我們並不在乎，因爲我們的重心在解脫，就像你關在監獄裡想出來，因爲你專注於如何逃離，牢房裡的灰塵對你根本不算一回事。

〇四一

我在禪坐中思惟，感到懊惱，
這是惡業的利器回轉我身，
因為我無恥攀附新貴、巴結權勢；
自今以後，我將謹慎交友。

有時候我們坐下來研讀或思惟佛陀的法教，沒有感到鼓舞和熱情，反而覺得懊悔錯過了有趣的活動、社交場合、晉升機會。我們不知道修行是否會帶來想要的結果，非常惶惑而且惴惴不安。要不，我們懷著很高的期望——以爲只要稍稍禪修，就可得到佛陀的證悟和知見。沒有如預期發生時，我們就非常沮喪，後悔自己沒有跟一位很棒的男生到海灘去，反而坐在這裡禪修。

這些無聊、失望和懊悔，是我們以前**無恥攀附新貴**、**巴結權勢**的果報。我們追求聲名和認可，我們諂媚他人，希望他們會幫我們做點什麼事，然而要是另一個人可以爲我們做多一點，我們馬上放棄了原來的朋友，結交新貴。同樣的，我們也許「忙換上師」——跟一位上師建立了好關係，但只要他不講我們想聽的，我們就離開他，去找另外一位會講我們喜歡聽的上師。總而言之，我們不知道如何當朋友的善友，如何做慈悲上師的好學生。

我們也許吹牛做了幻想中的偉大修行，卻根本沒有建立穩固修行基礎。我們野心很大，想塑造偉大上師或修行者的聲名，接受一次又一次的灌頂，卻沒有相應的修行。要不，即使做了，很快覺得無聊，又跳到另一個修行、另一個佛法中心、另一位上師座下；在日常生活中，從一位朋友跳到另一位朋友、從一個工作跳到另一個工作，一切都是因爲我們三心二意，只想盡力取得最多享樂。

對治的解藥就是**謹慎交友**，戒慎小心建立並滋養好友誼。承諾之前，我們需要決定是否能夠貫徹始終，如果有不可逆料的事情發生，我們也會跟他人好好溝通，不會棄之而去，讓他們感到無助。我們謹慎對待，也盡力創造長期持續、相互尊重的人我關係。

我觀察上師的行為，以便從中學習，折服於他們一切時一切處的平靜、謙遜和慈悲，這些人都是我今世和來生希望常常親近的，願與他們形成強固的關係，對我有正面的影響。只要我們確定修行發心是真誠的，只要在這一世追隨上師的指導，我們便造了因，在未來世再遇見他們，成為弟子。

我初次遇見佛法時，非常年輕、愚蠢，也缺乏能力來分辨正統和虛假的上師。我有幸能遇見我的上師，並不是由於運氣，而是前世的祈禱奏效。這一點提醒我創造福德，做類似的奉獻，因為我希望在未來世遇見善知識和善友。

〇四二

他人對我狡詐欺矇，
這是惡業的利器回轉我身，
因為我總是狂妄傲慢、貪欲熾盛；
自今以後，我將盡力除去執著。

有時候，也許他人在背後占了我們便宜，我們還蒙在鼓裡。也許我們給他人錢財去從事偉大的計畫，他們卻浪費虛擲。也許有人假裝人品很好，其實沒有，他隱藏錯誤，讓我們不小心上當，誤以爲這個人很好，就聽從他的建議，結果陷入窘境。我們的心既自我中心又不清明，以爲跟這個人交友，會獲得什麼，卻產生意外的後座力。

我們爲什麼容易受騙？這是**狂妄傲慢**、**貪欲熾盛**的果報現前。我們可以看到過去世這些心所創造了這麼多業因，讓果報現在發生，這一世的自我中心又提供了這個業報成熟的條件。舉例來說，我們也許在過去世對他人的仁慈行爲不感恩；或以計謀行騙，占別人的便宜。我們充滿了自我，以爲可以排除擋路的任何事或任何人，這樣的心態和行爲會感得等流果，也就是說，我們會感得相似於我們使他人感得的果報。

我們責怪他人欺騙我們，但是也需要反思爲什麼自己會落入他人的計謀，爲什麼天眞地相信這個人？我們往往會發現自己內心有某一種自私、驕慢或貪心，才會跟從這個人。我們尋找捷徑，對聲名有過高的期望。若要對治，我們**將盡力除去執著**，並且更謹愼、更誠實。

修行自他交換法，有助於改善情況。處在這種情形下，我們有悲心，把他人被利用、受騙、受到背信棄義的痛苦和困難承擔下來，這會減少我們的自我中心、驕慢和貪心，我們也會更加專注，可以很快注意到這些情緒在內心生起，應用對治的解藥。然後我們觀想把自己的身體、財產和福德——加上我們用欺騙或詭詐行爲而得來的一切事物——給予他人，並觀想他們的需要都滿足了。這些良好的修行助緣，會產生厭離、菩提心和智慧且進入金剛乘之道，圓成佛道。

〇四三

我所聞法、所說法都為貪瞋所染，
這是惡業的利器回轉我身，
因為我總不思惟內心煩惱之魔的過患；
自今以後，我將明察這些障礙，斷除它們。

我們對佛陀的法教有信心，可是一坐下來研讀，心就跑到貪愛和瞋恨的對象上，比方那個貌美的人，我們想去認識；那個同事，曾經侮辱過我們；那些正研習我們學不到的法教的人，我們嫉妒。我們算計著接受開示的邀請，因爲那個人事後會大量供養我們。

這樣的情形是因爲**我總是無視內心煩惱之魔的過患**。惡**魔**是指煩惱，**魔的過患**指它們的弊病，自我中心和我執，尤其是眞正的惡魔。外在並沒有惡魔，我們不要被煩惱牽走，或影響我們聞法或講法，必須專注在法教本身，並用它們來制伏煩惱。

我們也許不相信有一個外在的惡魔，卻還是責備他人，不了解這其實是我們內在煩惱和自私的過錯，當「自我中心」一發言，我們便聽從它的吩咐和召喚，卻沒有認識到，這就是一直欺騙我們的惡魔。其實我們也許很害怕放棄「自我中心」：「如果我不自己把握機會，就落到後頭了，好事都不會輪到我。」

事實上，「自我中心」已經把我們卡在一個又一個的困境當中。雖然我們得到知識和財產，但那出於他人的仁慈，他人爲我們種植食物、縫製衣服、建造房屋、鋪設我們開車或坐車的道路；他人還教導並鼓勵我們的天分。我們生命中得到這麼多的好處，並不是我們自私地只照顧自己，而是因爲他人幫助我們。我們檢視自己的生命機能，會認識到我們其實收到無量的慈心。這樣，我們不會想去控制一切，大可放輕鬆，信任這個世界。

我們來挑戰放下自我中心的畏懼心吧！其他有情眾生在我們受苦、遇見問題時，一直在保護、照顧我們。其他人教導我們閱讀和寫字，以及各種謀生技能。我們的財務出問題是由於貪婪和無明。只要我們看清身上發生的每一件事，都是因爲他人的慈心，那麼，我們害怕棄捨自我中心，以爲會變脆弱，簡直荒謬！

我們怎麼樣才能反制這種盲目，看不到煩惱的過患呢？**自今以後，我將明察這些障礙，**

斷除它們，也就是說，我們認識到自己的煩惱，然後應用對治的解藥來反制它們。我們必須自視為生輪迴病的病人，感染了我執和自我中心的病毒，於是我們轉向佛法僧三寶，祈求指引我們恢復健康。

○四四

我付出一切善意，卻得到敵意的回應，
這是惡業的利器回轉我身，
因為我總以忘恩負義回報慈悲；
自今以後，我將謙恭地報恩。

有時候我們懷著仁慈的動機做一項計畫，但是各種問題和競爭情況層出不窮。我們承當一個獨創的計畫來幫助別人，卻不斷遇到阻礙。我們伸出援手，別人卻怒斥我們介入了他們的生命。於是我們覺得受傷、生氣、生起防衛心：「你看我多費勁為這些人著想，他們居然恩將仇報！」

我們不必陷入自憐、自以為是的憤怒，而需要認識到，這是因為我們從前**總以忘恩負義**

回報慈悲——在過去世，也曾做過我們所指控的人做過的事。要對治這一點，我們應該花更多的時間感念他人的慈心，並想想我們當時如何反應。我們往往不知感恩、錯誤詮釋他人的行爲，而且批評他們。例如上師給我們好建議，卻因爲這些不是我們的「自我」想聽的建議，就生氣不悅。

漢傳和日本佛教有一種禪修，有助培育菩提心，包括我們與不同的人的關係：父母、老師、手足、上司、同事、員工、子女。對每一種人，我們都思惟他們曾經如何幫助我們，我們對他們的責任，我們又如何對待他們。這個禪修非常令人謙卑，因爲我們常常發現他人曾經利益我們，我們卻用不適宜、不感謝，甚至很敷衍的方法去回應，我們接受了他們的感情、照顧和仁慈，卻沒有眞正想過要回報。

對治的方法就是**謙恭地報恩**，我們不會繪製一張資產負債表：「我爲你做了這件事，所以你欠我這件事。」我們需要認識和他人相互依存，用感恩回報他們爲我著想，以慈心觸及那個人，而且「預支愛心」幫助其他人，這樣我們就培育了歡喜布施的心態。做了這樣的善行本身就是一種酬償，並不需要他人知道、感謝並讚美我們。

我們的善行永遠應恭敬從事：我們雙手獻上禮物，用微笑點出他人的好品格，我們起立向他人問候、給他們最好的座位、爲他斟水。我們可以用恭敬的態度做許多小事，讓人感覺倍受重視。

這一段偈頌並非理論，我們可以看到自己置身於這種情況、也許做過這種行爲，然後修行自他交換法，並決意在未來世要做出不同的反應。這種心靈上的春季大掃除對我們有益，我們必須到地毯下、家具背後尋找那些垃圾，把久未注意到的東西運走。我們的「心房」藏汙納垢，卻一直用網路、購物、娛樂把它遮掩起來，現在我們不再遮掩骯髒的動機，決定來個大掃除，徹底清理心靈。這個過程很療癒、能重新充滿活力，果報就是喜悅和平靜。

在這一部分，每一段頌文都有類似的結構，起始用一個我們感到不愉快的情形，推動我們去質疑：「爲什麼會發生這種情況？」中間兩行回答了這個問題，說明這是因爲**利器之輪**轉了一圈又**回轉我身**，並解釋這種情況的業因，是由我們在過去世或現在世稍早時的行爲導致。最後一行則說明我們必須培育某種心態或行爲，以避免創造未來世不愉快的情形，然後創造快樂之因。以下法護大師將總結他到現在爲止所講的重點。

〇四五

總而言之，災難宛如青天霹靂突如其來，

這是惡業的利器回轉我身，

如鐵匠被自鑄的劍刺死；
自今以後，我當愼防不善行。

當我們生了病、有人死亡、審愼計畫卻無法實行，我們非常驚訝，好像**災難似青天霹靂突如其來**，因爲我們相信生命不應該是這樣的，尤其我們住在富裕又相當和平的國家，很容易就把良好的狀態視爲理所當然。然而，只要我們在輪迴裡浮沉，不美滿的經驗和苦的感受自然會上身。苦不是懲罰，也不代表失敗，它只是**惡業的利器回轉我身，如鐵匠被自鑄的劍刺死**。鐵匠鑄劍以維生，卻被自己所鑄的劍刺死。同樣的，我們做了傷人的行爲，以爲可以擴張野心，卻種下了苦的種子。

別人都不需要爲這個情況遭受責難，是我們自己製造了武器。如果不製造武器，沒有人可以拿劍刺向我們。如果我們沒有造業，痛苦和挫折不會落到頭上。我們不應指控他人是我們苦況的源頭，反而要好好探究自己置身的情況，看清刺死我們的自造武器，正是我執和煩惱的力量所滋養的，這樣一來，我們就開始爲自己的經驗負責，這會給我們眞正的力量，因爲我們看到，只要改變心態和行爲，就足以改變我們的經驗。

我輔導受刑人時，有一方面很令人欣慰：監獄的受刑人寫信給我，表示對佛法有興趣，而且準備為生命負責，他們做了自己深深懊悔的事情，他們並不責怪別人，掩蓋起來，或認為自己錯得有理，他們承擔自己的不善行，努力棄捨瞋怒和怨恨。

跟我通信的一位受刑人，十七歲時殺了人。他告訴我這個故事時，說：「我被判一級謀殺罪，罪有應得。」他沒有逃避責任或責怪別人，踏出了最有力的淨化修行的第一步。因為淨化的程度跟懊悔的強度成正比。只要我們發願負責，就是眞正的懺悔，而且強烈決意不再造次。

我們從錯誤中學習，我們發誓**自今以後，我當愼防不善行**。這包括發展一個信念：苦是從自我中心而來，快樂是從珍視別人而來，反之不然。我們生命中有很多例子，能幫助我們了解這一點。

現在我們練習**愼防不善行**。我們要培育正知見，這是一種珍視德行、防止煩惱的心態。要做到這一點，我們應隨念生命中珍視尊貴的發心和善的意向的時候，隨念我們那時感到多麼快樂，注意你的心那時是沒有煩惱的。我們若有珍視德行的心態，便不會生起無明、瞋心、貪執。如果眞的生起，我們馬上能夠認出，然後帶回到正面的意向。正知見是一切菩薩道和菩薩地的根源。得到珍貴人身的助緣之一，就是對佛法感興趣。而對佛法感興趣，又因為是有了正知見、珍視德行。

〇四六

我領受三惡道的痛苦不幸，
這是惡業的利器回轉我身，
有如鑄箭者後來被自鑄的箭所射殺；
自今以後，我當慎防不善行。

當我們不善業的種子成熟，就投生於惡道。雖然有人認爲投生惡道只是心理狀態，然而一旦受生，就如同我們現在得到人身一樣眞實。在地獄中，不僅遭受極端寒熱的身體痛苦，心理也感到無助。我們的心被恐懼和敵意所癱瘓，雖然我們希冀快樂，但多疑使我們看不見值得信任、可以伸援的人，我們現在也有同樣狀況。也許被很多慈心圍繞，但我們的心理狀態和業力卻讓自己無視於他們。

在餓鬼道，眾生沒有丁點滿足，終其一生，內心緊繃、貪婪、吝嗇。因爲得不到想要的，總是不滿足而備感挫折。生理上有飢餓之苦；心理上則有無法滿足的貪愛。

在畜生道，眾生在生理上有被獵取或吞食的痛苦，但最折磨人的，應該是深度的愚癡和無明遮蔽了心。畜生的生理構造限制了智慧發展，想想住在這樣的身體裡，多麼恐怖。

在過去世，我們曾無數次投生這樣的狀態，如今有機會得到珍貴的人身，具有一切助緣來修學佛法，多麼殊勝啊！在惡道感受的痛苦，都是**利器之輪回轉我身，有如鑄箭者後來被自鑄的箭所射殺**。從我們扭曲的思考和傷人的行動，我們把負面的能量放到外在環境，然後又反彈到自身，就像鑄箭者後來被自鑄的箭所射殺。

結論就是**自今以後，我當愼防不善行**。我們會珍視倫理道德的行爲，對戒行和價值觀秉持正念，用正知來持續戒愼言行。

很多人並不瞭解在家戒或出家戒律的目的，把它看成外加的規則，事實上，它是工具，可以幫助我們戒愼於自己的念頭、情緒、話語和行爲。我們或許會注意到自己想喝酒或吸毒來「放鬆」，此時我們會記起有一條戒律，就隨念這個戒的目的：我們不希望麻痹自己的心，要保持警醒，才能做智慧的決定、眞心跟人交流、從事善行。然後我們探究內心：「爲什麼我想喝酒或吸食毒品？以爲這樣做可以逃避什麼？」因此連上內心的掉舉不安，社交上的尷尬感受、想跟人融洽相處的熱切，或在人間消失而不用處理生命中的種種事情。這樣一來，戒律就像一面鏡子，幫助我們看到內心眞正的感受和想法。於是我們可以自問：「我在此時到底需要什麼？是溝通？連結？創意？還是運動？」一旦明白了情緒上眞正的需要，我們就能在滿足自己需要的同時，富有創意地去想如何能不傷己也不傷人。

我們不需要像鐵匠最後被所鑄的劍刺死，或製箭者最後被自己製的箭射死，應該認識到我們可以主動處理這情況，培育珍視他人、幫助他人的心，製造一把菩提心的「箭」，刺穿自我中心；培育智慧，了解緣起和空性，而且用它爲一把劍，斬斷無明這輪迴的根源！

○四七

我陷入在家生活的怨苦，
這是惡業的利器回轉我身，
就如父母反被寵愛的孩子弒殺；
自今以後，我當棄捨世俗生活。

在家生活的怨苦指家庭關係的問題、財務困難，以及跟子女、父母和手足的關係問題。我們愛上了一個人，但另一方對我們不這麼在意或占有欲過強。無法生育子女時，我們痛苦，一旦有了孩子，又衍生其他問題。你對子女有很多期待，卻無法讓他們變成你希望的樣子。子女來到你的生命中，帶來自己的業種和根性。你有孩子時，絕對想不到你會得到什麼？你有責任給孩子愛和生活技能，但你無法掌控他們的境遇。

還有工作的問題。你需要一個謀生的工作，配偶或許希望你多花點時間工作，多賺些錢，又或許她希望你少工作，多在家。你努力取得財務的安全感，但是你又認識誰在財務上感到完全安全呢？

就如父母反被寵愛的孩子弒殺的比喻是很深刻的，指出我們抱著高度期待卻沒有達到，於是很失落。我們相信擁有物質、家庭、工作上的成功，以及身體的舒適，會帶給我們快樂，但是當我們坐擁一切，內心還是不平靜，無法滿足。

對治的解藥就是**棄捨世俗生活**。這可意味棄捨俗世生活，剃度出家，這常常稱為「離開在家生活，進入出家生活」。或是意味著你的心（無論你是在家修行者還是出家人）棄捨了在家人對於家庭、金錢、所有物、工作、房子等等的貪愛執著，心向涅槃。我們不再專注於今生的快樂，甚至輪迴中投生善道，而發心邁向解脫和成佛。有時候，我們也許自以為放棄了貪執，其實並沒有，一件小事就能戳破：譬如我們說不執著鞋子，出門前卻發現鞋子不見了，由此發現自己還是執著得很！我們生氣鞋子不見了，而且很想找回來。

受五戒或出家戒，提供了結構和紀律，讓我們自知貪執到什麼程度。也可面對自己的貪愛，因為我們也許想做什麼，但我們思惟過這個情況，而且自願受持五戒，決意不再這樣做或這樣說。戒律有如防盜警鈴：「這個貪心或瞋心的賊正想偷你的喜悅和善法呢！」於是用佛法的對治減少煩惱，才不致令我們陷入苦況。

7

捉住敵人：
認識我執和自我中心

○四八

既然這些都是事實，我便捉住敵人了。
我逮住了計謀偷竊的狡賊，
啊哈！沒錯，無疑就是我執，
這個欺騙我、偽裝成我的騙子！

思惟前面的偈頌，看清楚我們所經歷的每一個不幸或痛苦情況，都是煩惱鼓動、根植於無明的不善行果報，我們現在終於很清楚誰是不斷傷害我們的敵人。這個**偷竊的狡賊**偷去我們的幸福和德行。一直傷害我們的賊，不是別人，正是我執。這種無明不滿足於人或法相互依存，而在它們之上投射一個虛假的存在模式，執取它們有自性，可以獨存，自有自成，獨立於一切事物之外，這眞是一個**欺騙我、僞裝成我的騙子**！它令我們相信並不存在的（自性）確實存在，於是盲目地甘心受騙。

要認識到「我執」和它的幫凶「自我中心」是我們的苦因，著實不易。它們像是高階政府官員，心口不一，幫襯敵人，暗地裡傷害我們。我們卻以爲它們與自己同一陣線，其實一直都在和我們作對。同樣的，自無始以來，我執和自我中心就一直欺騙我們。傷害我們，卻假裝是朋友。現在我們醒覺了，才揪出這肇事犯。

這兩個狡賊非常陰險，因爲它們**僞裝成我**，也就是說，我們以爲它們等同自己，然後害怕放棄它們，生怕一旦放棄，我們就誰也不是了，然而用智慧檢視這個情況，我們就會看到，反制這些嫌犯，並不會摧毀我們的存在或幸福。事實上，我們的生命會更平靜，而且對自己和他人都更有益。

因爲佛陀和上師的慈心，我們看見了眞理。無數的生生世世，我們一直都在輪迴中流轉，盲從內心的念頭，分辨不出善念、善行和不善念、不善行。正因爲遇見了上師，慈愛地打開了我們的眼睛，學習佛陀的法教，才得以正確認識一切痛苦的根源。

在此生中，許多人對我們很仁慈——父母、老師、朋友和醫護人員，卻沒有人能引導我們走出輪迴。上師和三寶的慈心無可比擬，因爲他們引導，我們才步上眞正的喜悅和解脫之道。看清了這一點，我們內心就充滿了感謝。因此，我們有時會看到上師開示時不禁拭淚：他們也在隨念上師和三寶的慈心。

○四九

如今，大威德金剛猛力轉起業的利器之輪，
猛瞋奮勢在頭頂揮轉三次。
雙足（真、俗二諦）伸展，並以方便和智慧之眼瞠視，
以四力獠牙啃噬敵人！

法護大師是大威德金剛（猛瞋的本尊）的修行者，他的名字是「死神的摧毀者」。**閻魔**有三個意思，外在的閻魔是死亡，即停止我們的生命；內在的閻魔是煩惱，使我們在輪迴中無所選擇不斷受生；祕密的閻魔是隨眠的無明和微細的二元觀念，事情看似有自性，其實沒有。大威德金剛可摧毀以上三者，令我們證得佛道。

大威德金剛有不了義和了義的層面，了義層面是不二的喜悅和空性的智慧，屬諸佛和密宗瑜伽士聖者。這種智慧以猛瞋之神顯示出來，以便和我們交流，便是不了義層面。

大威德金剛將如何與我們交流？有一個方法是經由身體的象徵。**雙足（眞、俗二諦）伸展**指世俗諦和勝義諦。世俗諦是我們看到的周遭一切事物。勝義諦是它們實際存在的模式。世俗諦，看似有自性，其實是緣起，它們實際存在的模式是空無自性。人，由於其他因素而

緣起，是世俗諦。這個人空無自性，則是勝義諦。站在這個人的基礎上，兩者是分不開的。如果沒有這個人，不會有他的空性；如果沒有這個人的空性，也就不會有這個人。當我們了解這一點，就會知道，空性就在此地、此時。勝義諦並非遙不可及，而是每一件存在事物的本性，不是被什麼人創造出來的，也不是用六根可以認識的，只能從深定的寧靜和無分別的智慧而生起的心直接認識。

大威德金剛**以方便和智慧之眼瞠視**，指菩提道的方便層面，包括出離、慈悲心、菩提心和一切累積福德的修行，如布施。菩提道的智慧層面，則是直接並且超越概念地證悟空性。

若要得到這樣崇高的認識，首需自淨化自心，這是**以四力獠牙啃噬敵人**來完成。這四力對治法，前文已經說明，是懺悔不善行、皈依三寶並發菩提心來恢復被我們傷害的人的關係、決意未來世不再重蹈覆轍、進行對治（見頁一〇〇）。我們培育這些大威德金剛身體所象徵的品質，也會獲得和他同樣的證悟。

猛力轉起業的利器之輪，指四種行動：調伏煩惱、累積福德、指引他人走上正確的道路、強力摧毀障礙。我們請求大威德金剛使用最有效的方法，引領我們走上菩提道。**猛瞋奮勢在頭頂揮轉**三次，是指我們發心去認識(1)為利益一切有情眾生而上求佛道的世俗菩提心，(2)直接體證空性智慧的勝義菩提心，(3)在成就佛道時，兩者合而為一。

○五○

損敵的明咒王；
召喚背叛自我和他人的損眾破戒者——
這鄙劣魔叫做我執——
它舞弄業之利器，
自由自在馳騁輪迴林中。

有人看似慈悲，實則欺騙我們，有人同樣也以慈心關懷我們，卻糾正我們的錯誤。我們的無明使然，以爲後者是敵人。這樣一來，大威德金剛便猛瞋了，他其實是利益我們，死神則發笑並殘害我們的生命。我們不應害怕這樣猛瞋的神，應視他們爲朋友。

這裡我們就召喚不了義和了義的大威德金剛，表達我們企望去除讓我們犯戒、破壞自己和他人快樂的自我中心和我執。我們想阻止我執的惡魔，因爲它讓我們造不善業，把我們綁在生死輪迴之中。這個從最低的地獄到三界中最高的界上天下地追逐我們的敵人，**舞弄業之利器**，就是我執，以死神閻魔的形式示現。大威德金剛（我們的內心尋求證悟的方便和智慧）即是這三種閻魔的摧毀者。

〇五一

召喚它，召喚它，威猛忿怒的大威德金剛！
打擊它，打擊它，刺向「自我」這敵人的心臟！
踩它！踏它！在「顛倒妄想」這叛徒頭上跳舞！
致命刺向「自我」這屠殺者和敵人的心臟！

在此重複召喚它，**召喚它、打擊它，打擊它**，指兩種菩提心：世俗菩提心，制伏自我中心；勝義菩提心，摧毀執著有自性的無明。

「自我」這敵人，並非指世俗的自我，因為這只是依五蘊而生起的假名，此處指我執和自我中心，是敵人的心臟。

我很喜愛這一行，**踩它！踏它！在「顛倒妄想」這叛徒頭上跳舞！**描繪出叛徒的形象，即顛倒妄想（我們的我執、癡惑、貪執、瞋心和其他煩惱）示現為死神，而大威德金剛（菩提心和深慧的本性）在他頭上興高采烈地跳舞。這一句的另外一個翻譯是**咆哮吼叫**，這描繪出大威德金剛對我們內在的敵人忿怒地咆哮吼叫的形象。沒有人可以對抗並面對這摧毀所有顛倒妄想的智慧。

然後我們就召喚智慧和菩提心，示現爲大威德金剛，**致命刺向「自我」這屠殺者和敵人的心臟**！我們說：「受夠了，生死輪迴！受夠了，自我中心！」我們要從認識實相以及對一切有情眾生的慈悲心中獲得眞正的解脫。

〇五二

吽！吽！偉大的本尊！請顯示神力！
喳！喳！牢牢縛繫這個仇敵。
吧！吧！解脫我們一切繫縛。
斬！斬！斬斷執著的結。

在此，重複的音節又是象徵世俗菩提心和勝義菩提心，**吽**是「種字」，代表大威德金剛的智慧心，最微細的淨光心，能直接認識空性，這裡我們懇**請**大威德金剛的完美智慧來**顯示神力**——也就是上述的四種行爲。

喳！喳！指綑綁，這裡是說綑綁自我中心和我執的這兩個敵人，他們從來逃不脫智慧和菩提心。**吧！吧！**意思是摧毀我執和自我中心的枷鎖。我們希望解脫自由——並非那種跟從我們世俗煩惱的自由，而是充滿智慧和慈悲心的眞正解脫。**斬！斬！**讓我們斬斷荒謬的邪見和自我中心。

〇五三

偉大的本尊，大威德金剛，請示現吧！
撕碎它！撕碎它！立刻撕成碎片——
這一大袋裝著業和五毒的臭皮囊，
讓我們身陷業的輪迴泥沼。

我們又召喚大威德金剛，**偉大的本尊**，他不僅示現三世諸佛的智慧和菩提心，也象徵我們未來的菩提心和智慧。我們懇請他摧毀我們的不善業和五蓋，這是我們修定的障礙！貪愛六境、瞋恚、昏沉睡眠、掉舉惡作、疑。在密宗的脈絡裡，五毒是貪、瞋、無明、嫉妒、驕慢或慳吝。在這些煩惱的影響之下，我們收集了好大一袋（不善）業的臭皮囊。即使我們造作善業，只要執著自性，仍是染汙的。

我們也許有尊貴的發心，卻得面對這麼多障礙，爲什麼？因爲不善業感果了。任何困難都是示現——眞正的第一聖諦苦諦，前面的偈頌提過。五蓋（在第二聖諦集諦之內）使我們無法修定，培育平靜和心一境性。即使我們想要淨化業並鎮伏煩惱，也困難重重。在此，我們懇求大威德金剛，代表最後兩個聖諦（滅諦和道諦）撕碎我們的煩惱。

8

踩它！踏它：克服內在的敵人

〇五四

它雖引我入三塗苦，
我卻毫無懼色，直趨其因。
踩它！踏它！在「顛倒妄想」這叛徒頭上跳舞！
致命刺向「自我」這屠殺者和敵人的心臟！

從本頌開始，一直到第八十九頌，法護大師指出在我執和自我中心的影響之下，我們出現矛盾和扭曲的想法和行爲。每一頌都以同樣的兩行句子爲結尾，我發現這些偈頌特別有力，因爲它們顯示，雖然我們想要快樂，卻在煩惱和自我中心的影響之下，造出相反的因。這些偈頌清楚無疑描述出這兩個敵人如何破壞我們的幸福，激勵我們啓動改變。請注意最後兩行對大威德金剛由衷的召喚，懇請他引導並鼓舞我們。

我們應該在此刻停下想想，了解下文將呈現的《劍輪修心法》章節。我們的劣行和困難之所以會發生，是因爲我們在生死輪迴（三界）中。輪迴並不是一個地方，所以，若要從中解脫，並不需要遷居到另外一個宇宙。輪迴就是一天二十四小時，一週七天，我們感受到的身、心果報體，都在無明、煩惱和業的影響之下。我們必須每時每刻都修行佛法，因爲我們每時每刻都在輪迴的苦況中。我們在工作上可以休假一天，但是輪迴一天都不能休。只要有輪迴，就必須修行，否則我們的情況會更加惡化，因爲佛法就是讓我們止步輪迴，或保護我們不再受苦。

我們需要把輪迴的觀念與我們的生活連在一起，當我們感受到身體的痛苦（我們都避之不及的），並不是因爲身體的痛苦不常見或不應該發生，而是因爲我們感得一個會生病、會受傷的身體。同樣的，心理上不快樂，並不反常，因爲我們有心，受無明、煩惱、業的影響。業（我們的行爲）從煩惱而來，這些又根源於基本的無明，以及誤解人與法存在的本性。因爲相信每一現象都是自性有、自有自成，並不依靠其他的因緣而存在的自給自足實體，我們認爲自己是獨立的生命體，活在一個客觀存在的外在世界中。從這邪見的觀點，我們的任務就是去開闢一條路，從世界中獲得最多的快樂，不讓任何事危及幸福。

然而，只要我們從冰山一角去探究這個世界觀，便會看到這是從虛妄的基礎上創造出來的。身和心的確有，但無論在身內、心內或身心之外，都找不到一個人或自我。其實只是由於有身心的組合，才歸到這個人或「我」上面去了。說「我」，是世俗習慣，我們可以說：「我在走路。」而不說：「這個暫時因緣和合的身心在走路。」我們存在，只是概念和假名的「我」，我們卻誤以爲有一個眞實、找得到、獨立的我在此。

有一個獨立的「我」，是個錯誤的觀念，也是我們生於輪迴和遭遇一切問題的根源，我們創造了許多身分認同，都和「我」有關係：「我是這個性別、種族、國籍、社經階級、宗教、政黨、教育程度、年齡、健康、性別取向和民族性。」當然，不是每個人都知道我們的身分，用我們認同的方式對待，於是我們生氣了：「你以為你是老幾，居然這樣對我？」

不同文化的人對行為或人應受到何種對待，有不同的想法，這些都是由心所造。要是某一行為和我們社會禮節的規範衝突，我們就覺得被冒犯。人和人之間對待冒犯有不同的想法，有人想談一談，有人卻相信最好閉口不談；我們想要大叫，有人卻不想。因此，除了原本的不同意，現在又多了一個問題：不同意彼此如何溝通。

在此我們就看到，一個概念建築在另一個概念之上，而這另一概念又建築在另外一個上面等等。我們看身分認同、禮節或良好溝通風格等等的觀點，是靠我們由心所造的概念，我們認為它們完全正確。我們的概念（如我們是誰？人家應該如何對待我們？我們應該做如何的人？他人會認為我們應該如何？等等）就此把我們禁錮起來，其實不過都是由心所造。

依著這樣的歸因和投射（主要是執著「我」有自性），凡給我們享樂的，我們就生起貪心，擋著我們享樂的，就生起瞋心。為了寵愛這個「我」，我們做了許多傷害他人並傷害自己的行為：我們盜取想要的；若他人威脅到我們的快樂，我們就在他背後編壞話；若他人不同意我們，我們就嚴詞斥責；我們說謊來掩蓋自己的缺德事；我們欺騙他人，騙得想要的東西。臨死之際，端視哪一業成熟，我們就被吸引到不同的生命形式，又一次受生。

我們每一次念到這重複的偈句，就應該隨念，然後說**踩它！踏它！**在**「顛倒妄想」這叛徒頭上跳舞！致命刺向「自我」這屠殺者和敵人的心臟！**這樣會感動我們的心，並且增強解脫的決意。

回到本頌，法護大師指出，在自我中心和我執的影響之下，我們殺生、偷盜、妄語、不智慧而且不慈悲地用性行爲來傷害他人、在別人背後說壞話、難與人相處，因爲我們常常凡事都要按照我們所想去做。雖然我們最盼望快樂，這些行爲卻**引我入三塗苦**。我們看不見困境如何產生，不去斬斷事件的鎖鏈，反而抱怨、怪罪、變得更加自我中心，**直趨其因**。

與我通信的一位受刑人，非常警覺在他身上發生這樣的過程。他有一個模式，非常貪愛自己身體、財產、聲名，以致他非常恐懼這些東西會消失，這份恐懼使他瞋怒、失去理智，並使用暴力，於是發生了入監服刑的謀殺案件。他發現這些煩惱會導致痛苦，警覺這種危險，培育出一種「有智慧的恐懼」。如今，他告訴我，他「恐懼」的是犯戒，因爲他知道內心多容易被扭曲的念頭和情緒所壓制。他盡一切努力，遠離那種內心被推向不理智而觸發的暴力行爲。他還思惟耐心和安忍。

我非常欽佩他有能力從自我中心的恐懼：也就是擔心自己身心安康的恐懼，轉爲有智慧的恐懼：對瞋怒、暴力行爲和內心不善業種子的恐懼。現在他對念頭和行爲更加警覺，以修行來節制。我建議他在禪修中回顧內心失去理智、引發暴力的情況，對現況作詮釋時，觀察有哪些特定的慣性會觸動這樣的情緒，然後他應該讀《誰惹你生氣？》（*Work with Anger*）❶一書，至少修行一種佛陀教導如何看待情況的方法，使自己不致憤怒。我也建議他思惟對治貪愛執著的解藥，因爲瞋心之所以生起，是因爲我們的貪心得不到想要的。一旦我們放下貪執，就不會瞋怒了。

最後兩行召喚大威德金剛，再次確定我們決意要摧毀我執和自我中心，**心臟**指我執，**屠殺者**是自我中心，它們聯手使我們在輪迴中一再受生，使我們不能實現修行潛力，成就無上佛道。

〇五五

我雖奢求欲樂，卻未造快樂之因；

我雖不能耐苦，卻充滿熾盛的暗黑貪愛。

踩它！踏它！在「顛倒妄想」這叛徒頭上跳舞！

致命刺向「自我」這屠殺者和敵人的心臟！

有情眾生都想要快樂。我們醒過來，第一個念頭，而且整天跟著我們的，甚至連睡覺都不例外，就是：「我如何得到快樂？」然而，要是我們有沒有造福（清淨發心的善行）做爲快樂之因呢？雖然我們常常在口頭上似乎相信業力和業果，但做起來卻不是那麼回事。我們反而下功夫在安排人、事，讓自己快樂。同樣的，我們也花了很多精力，避免我們不喜歡的事情。在這個過程中，我們往往不會停下來反思自己的動機，同時評估我們的行動如何影響周遭的人、事。我們認爲快樂之因來自外在，於是忽略了我們內心的角色——心能製造感受。

不行十不善業，是一個造福的方法。受戒並持戒便可達成。只要我們沒有主動犯戒，守戒就自動造福。我們也可做相反於十不善業的事情，並修行六波羅密：布施、持戒、忍辱、精進、禪修和智慧，也可累積福德。

我們雖然想要快樂，卻常常造了痛苦之因，我們**充滿熾盛的暗黑貪愛**（想要這個，執著

❶中譯本：圖丹·卻准《誰惹你生氣？》法鼓，二〇〇五年。

那個，從不滿足），但是我們**不能耐苦**，根本沒有任何能力去忍受不適，包括節制貪愛而導致的「煞風景」，我們的口號是：「我一想要，就要得到。」我們期待全宇宙來將就我們，而且認爲我們大可以貪愛執著，因此無法認識到我們需要去創造業因。舉例來說，布施是財富之因，持戒是投身善道之因，減少瞋心和培養安忍是是容貌美好之因，但因爲無明，我們未創造業因，反而努力爲自己和所愛的人取得最多、最好的東西，不顧我們行爲對周遭人們的影響，還把我們的怒氣和沮喪一股腦傾倒給附近的人。

我們非但對痛苦缺乏忍耐力，甚至不想有一點點的不舒適或不方便。爲了禪修要早起？拿最好的食物供養三寶？禪修時忍受膝蓋的疼痛？長途跋涉去聆聽開示？捐獻給寺院、道場、佛法中心和社會福利機構？這些都違背了自我中心想要的。然而，我們願意辛苦賺錢、和喜歡的人在一起、登上社會地位和成功的高峰，爲了世間的目的，我們不在乎早起、工作到很晚、缺乏睡眠、少吃一頓、肩膀緊繃、錯過社交活動。

我們所有人都有一顆仁慈的心，我們很想慷慨，很在乎我們的行動如何影響別人，然而我執和自我中心阻止我們以此價值觀行動，爲表示我們決意要制止這些罪犯，我們祈求大威德金剛給我們精進和發心：**踩它！踏它！**在「**顛倒妄想**」**這叛徒頭上跳舞！致命刺向「自我」這屠殺者和敵人的心臟！**

○五六

我雖期望立即證悟，卻不精勤修持。
我雖從事許多任務，卻一事無成。
踩它！踏它！在「顛倒妄想」這叛徒頭上跳舞！
致命刺向「自我」這屠殺者和敵人的心臟！

無論在佛法修行還是事業生涯，我們高度期待能得到立即的結果，**卻不精勤修持**。我們寧願無所事事、拖延、等別人來做。我們研讀了一點點，卻期望很快通達所有佛陀的法教，或一週的閉關出來就會夢見本尊，或擁有大樂和不二的體驗。我們希望升遷，坐上更重要的職位，卻不努力工作。我們希望不要太費力，就天降好事。

我們**從事許多任務**，自願去做這做那，卻一**事無成**，我們急著去參與看似有趣的計畫，卻不檢視自己有沒有這樣的技術和時間來完成。有時候我們接受了一個任務，卻覺得無聊，半途而廢，也不告訴那些期待我們完成的人。我們不求助，卻希望別人幫忙完成。要不就聳聳肩攤攤手，期待他人救我們脫困。

修行時，我們開始研讀一個主題，幾週以後又換到另一個主題，書架上許多書只讀了一半。我們展開一種修行，一旦在禪修中沒產生什麼效果，就換到另一個法門。我們答應上師要做某一項工作，花了他們很多時間，請教了許多建議，但是幾乎沒做什麼事，很快就抽身而退。

這些偈頌是一個自我檢視的好工具，也許看到自己居然符合此處描述的行爲和心態，心裡會不太舒服，我們自問：「這件事情發生，是透過怎樣的運作？」當然是我執和自我中心，然後我們就做更深一層的推究：「自我中心爲什麼這樣現形？模式是什麼？在人生其他層面它又扮演什麼角色？」我們想改掉壞習慣，便探究：「下次我又進入這個模式，如何在還很微小的時候就注意到？還有什麼別的辦法可以想，不必一直重複如此愚蠢的行爲？」於是我們就想出了一個計畫，只要注意到一個特定的不善情緒或行爲，便付諸實行。

〇五七

我雖熱望結交新友，忠誠和友誼卻都不長久。
我雖渴望財富，卻又偷又騙來追求致富。
踩它！踏它！在「顛倒妄想」這叛徒頭上跳舞！
致命刺向「自我」這屠殺者和敵人的心臟！

雖然我們希望結交令人興奮的、有趣的、在一起很好玩的新朋友，然而我們是否下功夫去培育健全而持久的友誼？我們在交友之前，有沒有充分認識他們？要不，我們是否衝動地結交朋友，後來卻背棄承諾？當人們付出慈心或利益我們，我們是否回報他們的慈心？還是視爲理所當然？

友誼一開始，大部分人都非常興奮，因爲我們還不怎麼認識對方，然而有了更深的認識之後，要接受他們的短處，放下不如實的期望，便比較困難，其實也更有意義。學著寬恕他人，鼓勵他們發揮天分，卻避免不健康的依賴，是有難度的，但是這樣的友誼可長可久，而且眞金不怕火煉。

有人換了一位又一位上師，完全放棄前面一位上師的法教；有人在形成師生關係以前，會謹愼考察上師的特質，而且謹愼地把法教付諸修行，這些人即使與上師住得並不近，但是他們還是覺得非常親近，不僅每天持續修行，並協助上師。這些人由於修行穩定，在菩提道上自然穩定進步。

我們必須自問：我想結交的朋友需要具備什麼特質？我怎樣才能成爲他人的好朋友？對朋友應該忠誠，但忠誠得健康才行。舉例來說，以爲「不管怎樣我都黏著朋友。」就不見得是有智慧的心態，如果朋友犯了錯，我們撒謊來爲他掩飾，對朋友並沒有好處。我輔導的一位受刑人告訴我，在監獄裡的行爲守則就是你和相處自在的朋友黏在一起，不問他們是對是錯，這種心態衍伸出幫派，忠誠是扭曲的。

我雖渴望財富，卻又偷又騙來追求致富。我們熱切消費他人給予自己的，高興接受他們的大方豪爽。如果我們不能正大光明得到想要的東西，就和從旁門左道取得東西的人交朋友。因爲我們受到貪婪的鼓動，就去找快速發財的計畫，或操縱他人，始終假裝是他們的朋友。我們不再正直，也不爲他人著想，衝勁十足，一心卻只想著自己的成功。

到後來，我們還是必須面對自己，我們的心既自我中心又自私，欺騙他人，或爲一己的私利去利用他人，我們有什麼感覺？我們的自尊墮落了，肯定不會感覺很好。若想感覺良好，就必須尊重並公平對待他人。看到了這一點，我們就祈請大威德金剛**在「顛倒妄想」這叛徒頭上跳舞**，咆哮怒吼。

〇五八

我雖善於奉承諂媚，卻總深深不得滿足。

我雖勤力聚斂錢財，卻慳吝不布施，

踩它！踏它！在「顛倒妄想」這叛徒頭上跳舞！

致命刺向「自我」這屠殺者和敵人的心臟！

八正道是通向涅槃的道路，八正道的其中一支是正命。對在家人，這指謀生方式不傷害他人。舉例來說，不製造或銷售武器、毒藥、色情產品和迷亂神智的毒品，同時還不對顧客或用戶超收費用或撒謊、作假帳等等。

傳統上，出家人並不爲報酬而工作，而依供養爲生。**奉承諂媚**是指五種邪命❷，即出家人不適當地接受四資具：食物、衣服、臥具、醫藥。在家人也可遵守。

我們**奉承諂媚**他人，動機是讓他們喜歡我們，或給我們什麼好處。我們講話不會直率，只是暗示：「去年你給我的襪子非常保暖，現在都破了，冬天又快要來了。」**我們會送個小禮給他人**，讓他們感覺到必須回我們一些東西，這是把人逼到一個位置，使他們連「不」都

❷《大智度論》卷十九：「比丘營不如法事而為生活，謂之邪命。有五種：一、詐現異相，於世俗之人詐現奇特之相，以求利養者。二、自說功能，說自己功德，以求利養者。三、占相吉凶，學占卜而說人之吉凶以求利養者。四、高聲現威，大言莊語而現威勢，以求利養者。五、說所得利以動人心，於彼得利，則於此稱說之，於此得利，則於彼稱說之，以求利養者。」

說不出口。「每一個人都供養一百塊給佛法中心，你希望捐多少？」其實都是僞君子的行動，卻假裝我們是很棒的修行人（眞正地棄捨世間，又有深度的慈悲心）讓人們供養我們，只要施主不在面前，我們就晚起，不做每日的功課，而且整天看電影。

儘管我們這樣密謀，**卻總深深不得滿足**。儘管說服別人爲我們做事，卻從來不夠多。我們抱怨：「我這麼辛苦修行和工作，卻得不到這個那個。」這種心是永遠飢渴，而且指控別人擋著我們取得想要的東西。

相反的，我們**勤力聚斂錢財**，很樂意炫耀財富，卻不願分享，深怕一旦把東西給出去了，我們需要的時候就沒有了。我們的心一直**慳吝不布施**，不管我們有多少財富，還是處於焦慮狀態，財務上的安全感其實是一種心態，而不是銀行裡的存款。因爲我們吝嗇小氣，持續感覺貧窮，雖然我們已經比世上其他人有錢多了。

我住在印度的時候，有一個年老的西藏阿尼和她的姊妹，邀請我到她們泥土鋪地的寮房，牆壁是用石砌的，屋頂是切開的錫板，她們用煤氣火爐來燒茶，還分享甜圈（西藏的炸麵包）。雖然她們一窮二白，卻非常慷慨且知足。當我從印度回國，住在兩個朋友家，他們住兩房的公寓，有廚房設施、電視和許多家具，開著車去高級餐廳，卻還告訴我他們有多窮。貧窮眞的是一種心態。

〇五九

我雖很少施惠於人，卻總是自誇貪功。
我雖不願承擔風險，卻自吹自擂，雄心萬丈。
踩它！踏它！在「顛倒妄想」這叛徒頭上跳舞！
致命刺向「自我」這屠殺者和敵人的心臟！

我們把喇叭吹得震天，宣揚自己的慈善和慷慨。我們承諾多，做到少。對團體的計畫貢獻了一點點力量之後，就宣稱全是自己的功勞。雖然我們沒什麼實質作爲，卻自豪於自己有很好的知識和聲譽，於是驕慢和自負使我們感受不到他人的感受。

能夠正確公平地評估自己，是我們需要培養的技能。我們要避免吹捧自己，卻也不需要隱瞞我們的技能或貶低自己。必要時，我們可以提及自己的良好特質和成就，不加潤飾，然後運用我們的才藝和能力來利益他人。

當我們幫助了他人，不要心生驕慢，最好能反思：「我修行菩提道，已受菩薩戒，所以我現在只是履行承諾，很感謝有機會履行。」這樣一來，我們就避免了驕慢，同時也隨喜自己的善行。

有些人喜歡**自吹自擂，雄心萬丈**，卻沒做什麼事達成目標。他們又**不願承擔風險**，不曾嘗試就放棄了。有些人不見得很有野心，卻充滿了新的、令人興奮的想法，他們走了幾步來實現想法，然後就扔下不管了，因爲他們的注意力轉移了，或受了挫折。以上兩種情況都是說了許多，卻沒做多少。其他的人開始對這些人失去信心，他們卻還是相信自己接下來的新想法會大大成功。

有些人誤解了佛陀的法教，以爲所有目標和計畫都不好，因爲我們應該安住當下，不要想未來，於是「順其自然」，不著手做任何事情，而是等事情自動發生，這不是「活在當下」的意義，這個表述是指我們不要迷失在過去和未來的貪執與瞋怒的妄想裡，並不是說我們不要去想過去和未來，我們必須檢視過去，看因緣如何制約我們，然後改變因緣，淨化過去的錯誤；我們也可以考慮未來，把我們的精進和發心導入正途。有人曾問我，佛教的修行人有沒有野心？我說：「有的，我們希望從輪迴中解脫，我們希望上求佛道、下化眾生。」當然，自私和無情有時與世間野心連在一起，但這無助於實現佛法的目標，但是智慧和精進可以。

我們如何**致命刺向「自我」這屠殺者和敵人的心臟**，即我執和自我中心？認識到空性，並且發菩提心，是我們投向內在敵人的「福德大規模殺傷武器」。

〇六〇

我雖有許多師長指引，持戒的能力卻很薄弱
我雖有許多弟子，卻欠缺耐心，也不提攜。
踩它！踏它！在「顛倒妄想」這叛徒頭上跳舞！
致命刺向「自我」這屠殺者和敵人的心臟！

本頌是我們跟上師和弟子的關係，雖然上師教導我們智慧、善巧和慈悲，我們並沒有努力把他們的建議付諸修行。我們很高興受五戒、出家剃度、受菩薩戒，還有密宗根本戒，但是我們持守不好。一旦違犯，往往就回去找上師懺悔而重新受戒，然後又一次違犯。

沒有人期望我們一直完美持守戒律——如果我們做得到，就不需要去受戒了。然而我們必須知道什麼會犯戒，必須在範圍之內行動。畢竟，我們是自願受戒的，沒有人強迫我們。我們的戒德是未來在菩提道上前進的根源。唯有依據清淨的道德行爲基礎，才能夠得到更高的證悟。

有些上師雖然缺乏知識，也欠缺對佛法宏觀的理解，卻非常有魅力，**有許多弟子**。有些上師也許有知識，他們發心教導卻被八種世法所染汙，因此求取好評價、供養、聲名，和一群虔誠的弟子圍繞著他們，讚美他們，然而他們**卻欠缺耐心，也不提攜**。

佛法上師需要很大的耐心和安忍，因爲學生的心不受駕馭，會犯很多錯誤。學生也會在任何時間都打電話給你，希望你多關照，他們在你禪修時打擾，跑來哭訴，或一再問你同樣的問題。他們把對權威的需求投射在你身上，抱怨你不給予足夠的關注，說你逼得太緊。上師若沒有多年穩固的修行，很容易就受夠了學生或動怒，因此傷害牽涉其中的人。師生的關係非常特別，雙方都應有承諾。作爲一個上師的角色，需要高度的安忍，並由衷地願意幫助每一個人。

許多人告訴我，他們想成爲佛法上師，發心跟別人分享佛法，當然很殊勝，卻必須伴隨知識、慈悲心，尤其是謙卑。首要的，我們是佛法的學生，主要的任務和責任是修學佛法，如果我們不修學，怎能動念要教導他人？

從現在開始，一直到成佛，我們都是佛法的學生。自認爲是佛法上師，非常危險，這只是我們暫時扮演的角色。達賴喇嘛說，他看自己並不是一名佛法上師，而是一位大哥哥，把他所知道的和別人分享。如果達賴喇嘛都不說「我是一位上師」，那我們這些只有他百分之一（如果眞有這麼多）的特質的人，還敢說自己是上師，實在是怪事。

如果我們跟他人分享佛法，必須在上師的指導下，而且跟上師維持堅固的師生情誼，上師會更正並教導我們，我們則謙卑和他們相處。教導佛法的人，如果不在上師的指導之下，或跟上師沒有很親近的關係，很容易走錯路。指導別人必須負很大的責任，上師若在菩提道上誤導別人，會造很多不善業，而且傷害學生對三寶的信心，使他們多生多世都難以值遇佛法，因此我們在教導佛法時必須謙遜，而且小心謹慎。

我們是修行人，無論與老師、弟子和其他人的關係如何，必須永遠培育對他人謙遜和眞正的關心。我們應該努力不成爲嚴控大小事的人，我們也不應該驕慢地認爲自己跟上師一樣有能力、有證悟。

〇六一

我承諾雖多，卻從不盡力實際助人。
我的宗教聲望雖名聞遐邇，一遇探查，鬼神都大受驚駭。
踩它！踏它！在「顛倒妄想」這叛徒頭上跳舞！
致命刺向「自我」這屠殺者和敵人的心臟！

第一行重申前面的一些重點，讓我們面對自己喜歡做承諾的習性，卻沒有完成承諾。這個行為讓他人難以信任我們，因為言行不一致。我們的聲譽也許**名聞遐邇**，但是**鬼神都大受驚駭**，因為我們連給別人的忠告都做不到。我們不修行宣揚的法，把自己變成偽君子，連鬼神都厭惡。

達賴喇嘛總是警告祖古（被認證是前世大師的轉世者）：「不要順勢利用你過去世的頭銜和聲名，要誠懇修行，才配得上你被給予的地位。」換句話說，如果你擁有一個頭銜，必須不辜負這個榮譽，而不是有權得到平白的偏愛。

人在權力或權威的位置，有很大的責任，要為別人做很好的身教。有效能的領袖都是用身教來領導，他們生活是根據給予其他人的教導，這會鼓舞他人盡可能做到能力所及最好的人，這並不是說領導者必須完美、不犯錯，他們也會犯錯，就像每個人一樣，但是當他們犯錯的時候，他們會承認並且修正。我們的世界企望真正的領袖有清明的思考和慈悲心。因此納爾森·曼達拉、圖圖大主教、泰瑞莎修女、達賴喇嘛和證嚴法師受到大家高度的尊敬。要是領袖辜負了人們的信任，只會釀成大眾的失望和批評。這又導致了社會中道德行為的低落，為每個人製造更多痛苦的因緣。一個人的行為可以發揮了不起的好影響，也可以產生嚴重的壞影響，就看我們的選擇了。

法護大師並不是給我們留情面或讓我們脫身。做為父母、鄰居、教士、商人、政治家等等，無論我們扮演何種角色，應認識到自身的行爲對於他人所產生的後果，然後節制自我中心、有失分寸、傷害的行爲。我們應該抬頭面對自己的潛能，讓好的特質發光發亮，利益一切眾生。

〇六二

我雖未深入經藏，又少聽聞佛法，卻尚空談吹噓。
我雖對教理殊少了解，卻取巧杜撰，任意解說。
踩它！踏它！在「顛倒妄想」這叛徒頭上跳舞！
致命刺向「自我」這屠殺者和敵人的心臟！

我們有些人只研讀過少量經論，或根本沒有讀過，卻喜歡談論佛法，尤其是我們可以變成「雜碎上師」。在亞洲，有少數的西方人一旦參加過禪修課程，會坐在茶館裡跟沒有參加過課程的西方旅行者高談闊論。他們**未深入經藏，又少聽聞佛法**，但是聽過像是「淨光心」、「樂空雙運」、「能所一味」之類的名詞，他們高談闊論很高深、很細微的觀念，有如專家，他們**尚空談吹噓**。

同樣的，有些人**對教理殊少了解**，要不是不努力研讀，就是從一個主題跳到另外一個主題，從一本書跳到另外一本書，所以沒有深度的學習。他們還不完全理解皈依三寶有什麼利益，便問：「大圓滿和大手印到底有什麼不同？」這是很悲哀的，他們用意很好，但是驕慢的內心浪費了自己和他人的時間。

有些初學者說：「爲什麼我需要研讀，這不過是許多文字和理性的觀念。我要去體驗心的本性。」他們引用偉大的瑜伽士密勒日巴的故事：他斥責一些學者，告訴他們別再念那麼多書，辯那麼多經，去禪修吧。然而，密勒日巴並不是說他們的知識都沒有用，而是向一群花了許多時間學習經論的人開示：理性的知識和深度的體驗，與悟到其中的意義是不一樣的。換句話說，他們若把所學應用在禪修，會得到更多利益。

我們必須研讀經論，否則我們就不能理解爲什麼要禪修，如果學習不重要，爲什麼佛陀花了四十五年開示佛法？

有些人誤解了法教，於是盲修瞎練，這是一個**取巧杜撰**，**任意解說**的問題。舉例來說，有些禪修大師會說：「停止念頭流動。」人們就誤以爲應該坐著，把心空掉，他們也許發展出一種什麼也不專注的能力，那有什麼用呢？牛不會想太多，牠們也不會得到正覺，「停止念頭」意爲不分心，不回到過去的享樂和失敗，也不對未來的欲望做白日夢，不再對八種世法東想西想，而操心、焦慮、貪執。在平靜內心的基礎上，培育定力和認識實相的智慧。

〇六三

我雖有許多朋友和侍從，卻沒有人能夠擔當。
我雖有位居權貴的領導者，卻沒有可依靠的保護者。
踩它！踏它！在「顛倒妄想」這叛徒頭上跳舞！
致命刺向「自我」這屠殺者和敵人的心臟！

本頌是說，我們需要幫助時，可以依靠誰？我們或許有很多朋友（我們視他們如平輩）或員工、弟子、徒眾、侍從或子女（我們待他們如晚輩）。但是當我們需要奧援，卻沒有一個人可以站出來。又或許我們有父母、老師、上司、老闆及上級領導者（比我們地位高，我們相信他們可以奧援），但是他們也一樣無法保護我們。

若找不到可幫忙的人，我們通常會氣這些期待可以幫忙的人，又責怪他們不可靠或自私，要不，就認爲他人不道德地拋棄我們，然後自憐自艾。但是往深一層看，我們需要幫助的時候無法得到，是什麼業因？要回答這個問題，必須自問：「別人需要幫助的時候，我站出來了嗎？有沒有找藉口說爲什麼不能與他們同在？」

我們每天有許多機會可以伸出援手——給人家遞上番茄醬，爲同事沏一杯茶，替朋友從學校接小孩，幫鄰居老人跑腿，幫助卡在高速公路上的人換輪胎，這些都是很容易做的小事，但是當我們受控於「自我中心」，我們就覺得自己太重要、壓力太大、太忙，幫不了他人。只要我們不能克服自我中心，去做這些小事，我們最需要幫忙的時候，就沒有理由以爲他人會前來幫忙。我們又發現，嫌犯就是自我中心，它很喜歡接受，卻不喜歡給予。

〇六四

我雖位高望重，德學卻不如鬼魅。
我雖被尊為名師，煩惱卻比惡魔還可怕。
踩它！踏它！在「顛倒妄想」這叛徒頭上跳舞！
致命刺向「自我」這屠殺者和敵人的心臟！

我們也許因爲階位高或頭銜大，受人尊重，卻缺乏尊貴地位應有的特質，也許我們是藉著操縱、欺騙，或家庭關係、友誼或財富，才爬到這個地位。不幸的是，今天社會裡受人尊敬的職位，如銀行家、政治家、教士或醫生，在道德上還**不如鬼魅**。他們膨脹自己，濫用權威或傷害他人，卻以爲無人知曉，一旦被發現，崇高的地位也會保護他們免受指控。

我們也許**被尊爲名師**，因爲我們很用功研讀，而且富有魅力，但是我們的煩惱**卻比惡魔還可怕**，因爲我們並沒有把所學付諸修行。經論裡描述學生應該找何種特質的潛在上師，其中並沒有提到魅力，然而有些人會受到魅力、姣好長相、講故事詼諧、看似慈悲等等特質吸引。他們嬌慣那個人，寵愛他、讚美他、給他坐高高的寶座。學生的行爲造成這個人的墮落：學生渴望崇拜完美的偶像，把一些不合格的人升到不適合的位子。密勒日巴說，在墮落的時代，大家對虔誠的修行者視而不見，而僞君子或假內行反而赫赫有名。

另外，在佛教還是新興宗教的國家，人們會抬舉自己，很明顯地，學生不知道要找何種特質的上師。達賴喇嘛曾經評論一些人在西藏圈子裡名不見經傳，在西方卻坐享很高的頭銜。或者，有人只讀了一點點佛法，就宣稱他們已經證悟，這樣一來，不合格的人就被封爲偉大的上師。

被稱爲「佛法上師」的人，應該恪遵倫理道德，且不允許學生把他們尊爲偶像或待他們如皇室。所有人都應該勤奮修學，如缺乏相應的特質，絕不接受威望的身分。

有些人會問：「爲什麼沒有人說他們證悟了？爲什麼沒有人示現神通，這樣我們就知道他們是眞正的修行人。」首先，神通並不見得是證悟的跡象，有些人因爲業力而有神通，有人（包括非佛教的禪修者）也可能有定，卻仍缺乏智慧和菩提心。只有從業力或定力而來的神通，並非不再投生惡道或不受輪迴之苦。如果有人很自豪地告知大家他已經證悟了，那就小心你的荷包了！

其次，如果有人顯示神通，大部分人都會受吸引而膜拜，反而不聆聽他們的開示和修行，誤以爲修行的目的就是得到神通，因而尋求神通，而不努力證悟，從輪迴中解脫。

達賴喇嘛是一個眞正修行人的好例子。雖然許多人問他，他是不是觀世音，也就是大慈大悲的佛？他總是回答：「我是一個簡單的佛教比丘，如此而已。我努力修行。」他說：「有時候我會感覺一點點空性，但是菩提心更困難。」你可以從達賴喇嘛的行爲看出，他是這樣的修行人——完美持守戒律，無貪、無瞋、不嫉妒，對每一個人都友善。聆聽他開示時，充分感受到他的慈悲和智慧。

○六五

我雖有高深的見地，日常行為卻連狗都不如。
我的才能也許不少，德業的根基卻隨風蕩盡。

踩它！踏它！在「顛倒妄想」這叛徒頭上跳舞！
致命刺向「自我」這屠殺者和敵人的心臟！

我們也許精通各種佛教教義系統，對至高的教義：中觀應成派有高深的見地，日常生活行爲**卻連狗都不如**。雖然我們思惟空性時，也許理性上能認識修空的所破事，並知道破斥的立場，卻認不出自己經驗裡**我**的虛妄成分，因此我執繼續稱霸。同樣的，我們也許知道一切名相和概念，如大圓滿、大手印、世間和涅槃無二無別、樂空雙運，甚至可以教導別人，但因爲我們沒有把基本的佛教概念整合到生活裡，而繼續說謊、不智慧不慈悲地運用性行爲、目中無人。我們的**才能**，這裡是指知道如何做儀軌、領唱誦、做多瑪供養（tormas）、背誦許多經文——**也許不少**，但僅只是才能的根基，其他如基礎倫理道德行爲和慈心對待他人，卻**隨風蕩盡**。

這是因爲我們的顛倒妄想（尤其是執著有自性）自我中心的概念使我們迷失。也許我們很懶，而且滿足於理性的知識，卻沒有把正確的空性見應用於虛妄的自我感上，而知道「我」是虛妄的。相反的，我們缺乏空性正見，只會唱高調，譬如「既然一切都是空性，無好也無壞。」於是對任性的行爲找個好理由。在等至（samāpatti）❸中，世俗的事，好、壞並不現起，而在日常生活的世俗層次，它們的確存在，而且有作用。

善行會帶來快樂，不善行則帶來痛苦，無論修行證悟有多深都一樣。具有空性正見的人更加尊重業力和業果的運作，因爲理解空性和緣起（業力和業果的示現）同歸一處。換句話說，沒有自性的存在，並不意味著完全不存在。在世俗的層次，事物還是存在，而且有作用，互爲依存。證悟空性並不排除小芽從種子生出、快樂從善行生出的事實。一旦了解這一點，瑜伽士對身行、語行和意行會很小心謹慎。

阿底峽喇嘛這位十一世紀把佛教從印度帶到西藏的學者和修行者，是一個絕佳的範例。他無論違犯了多小的密宗根本戒（我們大部分人很容易就違犯了，像下雨一樣），他會馬上懺悔。在旅行中，如果他生起負面的念頭，會立刻停下來，從行囊中拿出一個佛塔（佛教的紀念碑）、懺悔，並做大禮拜來淨化。

梭巴仁波切閉關禪坐的時候很少休息，我聽說有一次侍從看到他在行禪。他驚訝地問仁波切怎麼回事，仁波切回答：「這只是短暫的休息，我生起一個負面的念頭，現在必須把閉關重新來過。」這是眞正的修行者。

雖然高度證悟的密宗瑜伽士的行爲看起來不同於流俗，但他們的發心永遠是慈悲的，從來不會追求自我或生起愚癡。因爲他已經證悟空性，他啜柳丁汁、飲酒或喝尿都沒有兩樣。

如有人宣稱證悟，當做不尋常行爲的藉口，那就應該來個「品嘗試驗」，看他們是否喝什麼都一樣。

穩定的出離心、誠摯的菩提心、至少推論性的空性慧，都需要前行，我們許多人甚至還沒有完成前行，就接受了密宗的灌頂，因此，我們的修行重點必須培育這三主要道。我們盡力持守密宗大師在灌頂時授予我們的密宗根本戒，這樣我們就在心流中種下了種子，成爲更合格的修行者，會遇見並且能修行密宗法教。然而，我們現在應該先思惟菩提道次第和修心，以便建立合一的密宗修行基礎。

認識空性是一個漸進的過程，一開始我們有錯誤的見地，相信萬法皆有自性，自有自成。聽了空性的法教之後，我們就生疑，想萬法也許有自性？也許沒有？聞、思更多，我們就進展到一個正確的假設，相信萬法空無自性，但還沒有完全弄清楚理由。我們繼續聞、思，直到我們對空性有正確的推論性理解，等到萬法空無自性眞的觸到了我們的心，這個認識雖然仍是概念，已確鑿不疑了。但是再繼續思、修，我們會直接、非概念式理解空無自

---

❸意譯亦有正受、正定、現前，音譯有三摩鉢底、三摩拔提、三摩跋提。指遠離昏沉、掉舉後，能持心、心所，令其相續平等而轉的境界。

性。然而我們必須逐漸串習，直接識知空性，就可以逐一除去心流中的煩惱，包括我們不在等至時，自性的相狀還是會出現。最後，待所有的煩惱都淨化了，所有的好特質都成熟了，我們會到達正覺的境界，也就是成佛。

我們在禪修裡所感到的不尋常體驗，並不就是證悟了空性或菩提心，如果我們以為：「我感覺身體消失了，一定是證悟了空性，現在我不會再生氣了！」將會極度失望，我們應該這樣想：「這是一個強大的體驗，我需要向老師核查一下，確定這是一個正確的體驗。」如果老師認可了你在正確的路上，會感到深受鼓舞，信心增強，並且繼續修行。最好只跟上師和親近的善友討論這樣的經驗。如廣泛討論，會稀釋了力量，增加驕慢，因而在修行中創造了很多障礙。還有，不要執著這種經驗，努力想重現，會使禪修更加困難。

金剛乘（密宗修行）是在上座部和一般大乘的法教基礎之上的修行。在西方，人們常常談論上座部、大乘、密乘，好像他們是三個不同的佛教類型，彼此毫無關係，這並不是不同的傳承。大乘本身是基於上座部的修行基礎（四聖諦、八正道、三增上學），但是大乘修行者並不證入阿羅漢，而是發心成佛，度盡一切有情眾生。

9

一貫性和責任：棄捨自我中心

〇六六

我深深覆藏內心的自我中心
在爭議中無理諉過他人，
踩它！踏它！在「顛倒妄想」這叛徒頭上跳舞！
致命刺向「自我」這屠殺者和敵人的心臟！

雖然我們塑造信心滿滿的氣氛，以及看似成功、一切盡在掌握中的表象，我們**深深覆藏內心的自我中心**，在平靜和博學的外觀下，大大滋養並保護我們的貪心和瞋心。我們也許有很多欲望，卻不希望在別人面前承認，尤其是我們很想讓別人得到好印象。有時候甚至也很難向自己承認——「在生命裡的每一個時刻，我的焦點都是如何利益自己。」雖然眞眞確確如此。

同樣的，我們把自己的問題怪罪到別人頭上，只要有爭議，我們就堅持自己是對的，雖然我們根本知道自己不對。我們必須贏得每一場爭論，必須在每一場討論中都勝出，我們進逼，直到對方煩累到不想再辯論下去，於是屈服認輸，然後我們就自誇自己的聰明，說服人家支持我們是對的。我們如此執意自己是對的，且想贏過別人，甚至可以犧牲最關懷的人的幸福，讓他們感覺羞辱和怨恨。他們因爲不快樂，到後來不再同情或愛我們。我們只覺得他們變了，卻看不見我們挖坑給自己跳。本頌中，法護大師鼓勵我們不只要對自己更誠實，還要努力清理內心充斥的自我中心汙穢。

雖然我們告訴佛法的初學者，經驗由心所造，我們仍強力認定我們的仇敵是客觀存在的。但只要稍加檢視就會發現，其實是相反的，當人們不做**我**想要他們做的事，他們就很壞、無知，而且值得挨罵。相反的，當他們做了**我**想要他們做的事，他們就很有智慧、慈心，而且很有天分。我們從人們跟**我**的關係來分出敵友，**我**是宇宙中心！

有時候，我們把自己的過錯投射到別人身上，然後怪罪他們自私。有時候，我們氣他們，指控他們做出不良行爲，來釋放內心的緊繃。對方往往不懂我們爲什麼生氣，我們也不想多作辯解，只是期望他們來道歉，要求我們原諒。

我們臨死時，還會想到那些爭論嗎？我們嚥下最後一口氣時，還管誰對誰錯嗎？我們早就忘掉這些爭論了，就算贏了，臨終時也沒有意義了，但是我們出於貪心和瞋心所造的不善業會留在我們心裡，會影響我們如何死去，以及未來的投生之道。這會障蔽我們的心，使我們無法認識實相的本性。看到這一點，趁我們還健康、還可以修行之際，快召喚我們智慧和慈悲的心，如大威德金剛示現的**踩它！踏它！在「顛倒妄想」這叛徒頭上跳舞！致命刺向**

「自我」這屠殺者和敵人的心臟！

〇六七

我雖身披藏紅花色袈裟，卻皈依世上鬼神。
我雖受戒，所作所為卻與邪魔無異。
踩它！踏它！在「顛倒妄想」這叛徒頭上跳舞！
致命刺向「自我」這屠殺者和敵人的心臟！

那些**身披藏紅花色袈裟**的，指出家人，如受具足戒的比丘、比丘尼、訓練中的式叉摩那、新進的沙彌、沙彌尼。我們一旦皈依佛法僧三寶，便奉獻生命於修學，然而，我們不求三寶求庇護，反而**皈依世上鬼神**。諸佛完全沒有任何煩惱，而且已培育了無量的美好特質，他們唯一的目的就是引領我們走出苦海而成就佛道，他們有智慧、慈悲，還有達到悲智的威力。佛法有兩方面：悟「道」（「道」尤其指直接證悟空性的智慧），以及「道」所帶來眞實的「滅」。僧團包括已直接證悟空性的人。三寶絕對是可靠的指導——因此，若不顧三寶的指導而聽從鬼神的建議，由於鬼神跟我們一樣卡在輪迴中，這樣做會招致反效果，而且很愚蠢。

當佛陀和上師警告我們，不做有傷害性的行動，因爲會帶來疾病和其他苦果，我們點著頭，卻不認眞看待這些建議。同樣的，當佛陀建議我們做淨化的修行，以防止業果成熟，我們說：「好，好。」卻很快就拋諸腦後。要是算命人告訴我們，今年會生病，最好做一些強力的淨化，我們會一躍而起，熱切跟隨他們的指示。這是因爲我們的對三寶的皈依並不誠摯，更重視鬼神和算命人的建議，不重視一切相智的佛陀。

同樣的，我們雖然**受戒**——五在家戒或出家戒，卻不認眞的維護承諾，常做些相反的舉措，**所作所爲卻與邪魔無異**。例如，我們受了不服用迷亂神志之物的戒，一旦跟喝酒的家人或老朋友在一起，就找合理藉口：「如果我不喝，他們會以爲我是禁欲苦行，對佛教產生負面觀感。如果我喝點酒，他們與我相處會更放鬆。我乃出於慈悲，爲他們喝酒，讓他們不致對佛教抱著負面看法。」

必須記得，我們自願受五戒，沒有人強迫我們，同時，因爲我們愼重考慮過自己的行爲，以及業力和業果的法則，而且我們曾用智慧和清明來理解哪些行爲做不得，以免給他人和自己痛苦。之後不顧自己的智慧思惟，採取不合宜的行爲，抹煞自己曾說過的話，是自己擋自己路。

許多我輔導的受刑人告訴我，他們年輕的時候，被貪心和瞋心席捲，從來不考慮行爲的後果，只追求當下令他們感覺很好的事物。入監服刑讓他們反思令他們犯下罪行的情況，認識到自己必須改變，否則他們的憎惡、貪婪、嫉妒就會繼續下去，現在世和未來世都將毀掉他們的生命。他們看到隨著煩惱起舞的過患，就生起強大的決意，要培育慈悲，不要跟著內心的衝動，步步起舞。

〇六八

雖然（佛教的）本尊給予我法喜，我仍向不懷好意的鬼神獻祭。
雖然佛法給予我們正導，我卻欺騙三寶。
踩它！踏它！在「顛倒妄想」這叛徒頭上跳舞！
致命刺向「自我」這屠殺者和敵人的心臟！

佛教的本尊指佛和菩薩，如觀世音菩薩、綠度母、文殊師利菩薩、大威德金剛等等，雖然祂們是可靠的皈依，指導我們不致迷失，我們卻掉頭不理，**仍向不懷好意的鬼神獻祭**，雖然**佛法給予我們正導**：告訴我們，快樂來自佛法應用於生活，我們卻不顧他們的建議，不發露自己的過錯，不顧他們的忠告，對上師說謊，**欺騙三寶**。雖然我們看似聰明，其實只是欺騙自己。我執和自我中心切斷了快樂和平靜的命脈。

但是我們仍向不懷好意的鬼神獻祭，可以指跟從八種世法：想賺快錢、欺騙合夥人，放任自己對電玩或簡訊上癮，花時間在線上遊戲中創造另一個人格。也可以指皈依惡鬼，還供養他們，以滿足我們的世俗目的。

我們不應只看短線，尋求個人現世的快樂，屈從於有害的習性。我們需要培養長程的觀點，尋求爲一切眾生成就佛道的平靜和喜悅。這種快樂超越欲樂，是經由淨化內心，接近佛性而來。

因爲三寶是眞正的皈依處，你也許會奇怪，爲什麼藏人行政中央（Central Tibetan Administration），即西藏的流亡政府，尋求乃瓊護法（Nechung Oracle）❶的建議。從西藏的觀點來看，宇宙中不僅住著人類和動物，還有許多精靈、魔鬼和天人，也都積極參與人類事務。這樣來看，乃瓊護法在西藏文化裡有非常獨特的角色，而且歷史悠長。當佛教第一次

❶又譯為「涅沖神諭」。乃瓊護法被認為是四大護法之一。達賴喇嘛是觀世音菩薩的化身，修行高於他們，擁有指揮他們的權力。因此達賴喇嘛不向乃瓊護法禮拜，乃瓊護法只對他個人提供建言和保護。

傳到西藏來，神靈設下很多阻礙。西藏人要求偉大的印度瑜伽士蓮花生大士來到西藏，降伏這些惡魔。蓮花生大士不僅降服了神靈，還讓祂們承諾保護佛法。五種神靈之一的乃瓊護法，就承諾支持西藏的佛法，並保護修行人。久而久之，乃瓊護法成為西藏政府和達賴喇嘛的護法，西藏政府和一些寺院在世俗事務上，徵詢乃瓊護法的意見，乃瓊護法也給他們非常實用的建議。可是他們從未排除三寶而皈依乃瓊護法。

在所有的偈頌中，法護大師公開揭露我們的過錯。他這樣做，並不是挑錯、給我們難堪、讓我們生起防衛心態或痛苦，而是讓我們更相信無明和自我中心的過患，努力從心流中根除。他用的是一種「恨鐵不成鋼的嚴愛」，這是一種慈悲心的方式，幫助我們做出改變。

〇六九

我雖總是獨一靜處，卻三心二意恆常散逸。
我雖聽聞崇高的佛法，卻重視占卜和薩滿教。
踩它！踏它！在「顛倒妄想」這叛徒頭上跳舞！
致命刺向「自我」這屠殺者和敵人的心臟！

我們也許**獨一靜處**（此指在寺院或閉關）一個可以修學的理想地方，卻被其他的活動分了心，**三心二意恆常散逸**，跑來跑去，讓自己非常忙碌。舉例來說，我們也許花了很多時間創造一些禪修的完美條件，蓋一個閉關的寮房，準備了所需的物品，卻跑去忙著朋友或親戚的事務，從來沒有開始閉關。

因此，自我紀律薄弱的人應該做團體閉關，每天有共同的時程，每人都有應守的紀律。團體的支持有助我們走在正確的道路上，我們每一個人都靠他人共同參加閉關課程，都確定自己爲了他人而參加，如果有人不見蹤影，團體會查看怎麼回事；如果生病了，就提供協助；如遭遇困難，就提供支援。這樣打造出一個有助於我們情緒和修行的社區。

雖然我們**聽聞**從佛陀直接傳承下來的**崇高佛法**，我們不珍惜這個稀有的幸運，卻在占卜和薩滿教花下大量的時間和精力，這些修行在佛教傳入西藏以前非常風行。有人覺得很有幫助，不致干擾皈依三寶；有人則被分心，皈依三寶受到不利的影響。

大部分防止鬼神干擾的占卜、占星術和火供，也許是受到佛教的信仰和佛教的文化所影響。許多在家人要求僧伽也做這些儀軌；雖然會給寺院帶來收入，卻分散了認眞修學的專注力。我去過一個國家教初機佛法數次，人們告訴我，受邀到訪的西藏修行者，我是唯一不做許多儀軌的，其他人都做很多精心的火供和灌頂，用法鈴、法鼓、法螺、聲音渾厚低沉的念誦、大帽子和加持水，捐款不少的在家信眾要求做這些儀軌，覺得自己受到祝福。好像是儀軌越多，越不明白其中的意義，反而覺得收到越多的福報。

沉迷於占卜和薩滿教的西方版本，是著迷於新時代哲學、水晶球、占星術、塔羅牌和開第三隻眼。還有些人著迷於玩股票市場和期貨交換，我們也許可以談論佛法、未來世、解脫和成佛，但是卻依靠立即利益現世的方法來生活。其實看著自己的心去改變，比找靈媒、塔羅牌算命、跟隨聯準會最新利率更加艱鉅。專注於成佛之道，需要很多精進和定力，如果證得佛道這麼簡單，我們所有人早都覺醒了，因此讓我們來培育理性的信心，以智慧走在這條道路上。

〇七〇

我棄捨戒律——那解脫之道，寧願執著家業。
我把安樂的機會擲到水裡，追逐更多痛苦。
踩它！踏它！在「虛妄分別心」這叛徒頭上跳舞！
致命刺向「自我」這屠殺者和敵人的心臟！

在家修行人**執著家業**，指過分執著你的財產、家人、社會地位等等，讓你**棄捨戒律**，同時做出不善行。舉例來說，因為執著家人、朋友，希望和他們享受某些經驗，人們會做出和戒律相反的事情，或行十不善業，以便讓家人快樂。

受戒和守戒有很大的利益，無論是在家戒還是出家戒。只要我們受了戒，就建立起強烈的意向，知道應該如何行為。當我們這樣根據戒律來生活，就造了很大的福德或善業，產生樂果。我們不違犯戒律的每一個時刻，就累積了刻意放棄某些行為的善業。例如兩個人在講話，有一個人守不殺生戒，另一人沒有，他倆都沒在當時殺生，但是這個守殺生戒的人造了不殺生的善業，另一人未受五戒，則沒有善業可言。而且，持戒會使我們不再重複同樣不善業的傾向。

在家戒和出家戒可節制身業和語業，因此持戒會對一言一行更具有正念、正知。正念會記得我們持戒，要如何言行，正知會監視我們的身行和語行，確定我們做到了，這又使我們對自己所想、感受到什麼更具正念、更有正知，因為我們的心必然在說話和行動之前，先形成意向。由於過著合於倫理道德的生活，培育出的正念和正知，對定力的培育非常重要。穩定的定力會增進我們的禪修，增長我們的智慧，直到能夠穿透實相的本性。因此我們修行三增上學（從輪迴到解脫之道）就會進展良好。

出家要守許多戒，因此能造更多善業，還可更淨化負面素質。出家生活也少了許多分心的機會，提供有利修行的外在環境，出家人不需要支援配偶或子女，不需要工作、擔心房貸、憂慮子女的教育和行爲。

有人因爲想要親密情感和性關係、子女、財富和舒適的生活而還俗，就是說**把安樂的機會擲到水裡，追逐更多痛苦**。法護大師爲什麼看在家的生活是一種苦呢？人們結婚，期待快樂的婚姻生活，但許多人並非如此，夫婦會吵架，會分手，會受傷，會傷人，甚至那些關係很好的，也免不了其中一人先死去，所愛的人不可能永生廝守。

人們也以爲子女會帶來幸福。子女在嬰兒時期，父母半夜必須起來餵奶，不能好好睡覺。學步小兒開始要求：「我要這個！我要那個！」青少年時，他們比較喜歡電玩，不喜歡跟父母講話，他們索取汽車鑰匙，卻不喜歡你叫他們什麼時候該回家。

你必須很努力賺錢，但很快就花掉，卡債就追上來了。白天，你面對工作上的問題，你希望修行佛法，但整天充斥活動，等晚上回家，已經累壞了。

本頌也評論了出家人像在家人那樣的生活和行爲。因爲西方國家較少寺院，有些西方出家人沒有錢，沒有住處，因此必須工作來賺取房租和食物，這個情形對已經剃度、希望深入佛法的人壓力很大。在亞洲，出家人有寺院或很好的地方來修行，有時候他們的心還會追尋可意的目標，寧願去城市裡或做生意。他們不留在寺院裡，選擇自己住，倫理道德就墮落了。愚癡、瞋心、貪心就在他們心裡增長，創造越來越多苦因，法護大師警告我們要小心這些誘惑。

〇七一

我揚棄通達解脫的修行，到處遊蕩。
我雖然擁有寶貴的人身，卻用來修地獄道。
踩它！踏它！在「顛倒妄想」這叛徒頭上跳舞！
致命刺向「自我」這屠殺者和敵人的心臟！

本頌和前頌相似，**到處遊蕩**，指沒有佛法上師、法教和佛法社區可爲後援的邊地，我們也許在那時有佛法修行的良好條件，一時卻貪心大起，開始找樂子或冒險，棄捨了淨化內心、累積福德、撒菩提種子的助緣。也許我們覺得無聊，想找點刺激；也許我們感覺修行沒有什麼進展，想做一些比較刺激的事。也許我們對修行和菩提道有疑惑，無論如何，我們選擇了輪迴的熱鬧刺激，而不想制伏煩惱以達解脫的平靜。當然，我們不會這樣形容自己，而用其他的字眼，好讓我們糟糕的選擇看起來有智慧。

無論我們在前世是什麼人，一定都累積了大量的福德，才**擁有寶貴的人身**，但是今世受到其他事物吸引，用生命去造作感果於地獄之因。我們忙於世俗事務，沒有時間做淨化的修行、檢查發心，甚至供養三寶，雖然心裡還是希望重回佛法的修行，可是我們沉浸在辦公室的人事鬥爭，不甚合法地報免稅額，還跟別人的配偶眉來眼去。

思惟**寶貴的人身**是菩提道的初階，這使我們感謝這個良機，而且有智慧地運用人身。一旦了解身陷輪迴的意義，我們更能思惟**寶貴的人身**，因爲知道它有利修行是多麼得來不易，同時也看到，生命容易流逝，在菩提道上一直沒有進展，只要我們思惟了**寶貴的人身**，就會珍惜現有的機會，不想在八種世法上浪費時間，只想把生命奉獻於淨化並轉化我們的心，培育慈悲的心，並探究實相的究竟本性。我們重新調整生命的優先順序，而且貫徹始終，就會投生善道，然後在這個基礎上，繼續的修行佛法。只要創造了許多投生善道的因，就能夠發菩提心和證空性慧，終成佛道。

有人一認識到自己習於花時間沉浸在八種世法，便自我批判，有人則批評他人「不誠懇修行」。批評自己和批評別人，只會造更多不善業。菩提道並不是爲了比別人好，佛陀當然不會教那種讓我們自我感覺不好或數落他人的佛法，相反的，我們應爲自他培育慈悲心，並批判自我中心剝奪了我們成佛的機會。一旦知道了自己的過錯，我們懊悔，但不必感到罪過而陷於自我厭惡。反而要有一個堅定的決意：未來要有智慧地排定優先順序，並根據我們的價值觀來生活。

○七二

我棄捨修道，汲汲營營於商利。
我從上師的教室出走，漫遊於城鎮之間。
踩它！踏它！在「顛倒妄想」這叛徒頭上跳舞！
致命刺向「自我」這屠殺者和敵人的心臟！

想一想，有人有機會向優秀的上師聞法，還有機會閉關，卻寧願從商或賺錢。我們需要許多善業才能碰到一位合格的大乘或密宗的上師。這個人已經遇到了這樣一位上師，卻不利用這稀有的機會，因爲他受世間欲樂、地位、權力的誘惑，他欺騙、說謊、背後毀謗他人來獲取金錢，然後，非常自負，非常吝嗇，不願意分享。他不懂得世間的財富是瞬間即逝的，我們不能確定是否一輩子都會擁有這些財富，即使擁有，死去的時候絕對和它分離。每一件我們努力爭取的，都會留在這一世，但我們的心流卻帶著保護財富的行爲印記，去了下一世。

我們從**上師的教室出走**，旅行世界各地，尋找財富、冒險或愛情。我在一九七七年二十六歲時剃度出家時，我嫉妒那些年輕的喜馬拉雅或西藏的小男孩已成爲比丘。我花了前二十四年人生無休止地造不善業，他們卻在兒時遇見佛法、剃度、背誦經典、參加法會、聽聞法教。十年以後，這些小男孩子已成爲青少年和年輕人，傾心於消費產品的炫麗耀眼，許多人還俗了，以便去孟買賣毛衣。我奇怪：「他們怎麼會做這種事呢？」他們擁有那麼多我所缺乏的好條件——他們懂藏文，可以讀法本，可以直接跟尊敬的上師講話；他們沒有簽證問題，有寺院可住，怎麼會放棄佛法，去尋求那些我已放棄的消費產品，以便去印度和尼泊爾居住？他們爲什麼離開上師和聞法機會，而踴躍爭取紐約餐館洗盤子的機會？這和前世所造的業，以及這一世的思考方式有關。法護大師指出，「我見的顚倒妄想」和「自我中心」，是主要的罪犯。

〇七三

我放棄自己的生計，奪他人之利。

我浪費祖產，竭盡所能掠劫他人之物。

踩它！踏它！在「顛倒妄想」這叛徒頭上跳舞！
致命刺向「自我」這屠殺者和敵人的心臟！

我們不工作，不負責謀生，**放棄自己的生計**，而且以詐欺他人維生。**奪他人之利**，這並不見得一定是闖進別人的房子，用槍口抵著他們搶劫，也指我們奸詐狡猾操縱他人，來取得事物。除此之外，我們還囤積我們所有的，而且吸取別人的，一直想要更多。

相反的，我們的親友辛勤努力謀生，因爲愛我們，希望我們安全，身後留遺產給我們。但是我們不感恩，而且不顧後果，掠奪了這些遺產，就是**竭盡所能掠劫他人之物**。有一位與我保持通信的受刑人告訴我，他入監服刑後，一年花了七萬三千美元遺產，在福利社買零食或在監獄裡買非法毒品。我直率指責這位受刑人，他沒有尊重家庭對他的愛，他必須智慧運用這一筆遺產，供養三寶，捐獻給慈善機構來造福，然後把這些福德回向給逝去的人，祈禱他們投生善道，值遇佛法，擁有一切有利修行的因緣條件。

奪他人之利和**竭盡所能掠劫他人之物**，也包括剝奪了僧團的供養。例如有人想供養寺院，你說：「他們用不到的，給我吧！」如果施主有意供養某一個特定的目的，我們出家人卻挪用到其他項目，要不，如果施主有意供養整個寺院，我們卻自己收下或交給朋友，都犯了戒。

我們必須對供養僧團和僧團擁有的物品，非常小心戒慎，因爲偷盜僧團財物，是很難淨化的，對出家人和在家人都一樣。我們爲寺院管賬必須細心，收入和支出光明正大。管理僧團的財產和財務是項重責，因爲這些出家人在佛道上精進，如果我們濫用了寺院的財物，就干擾了出家人在菩提道上進展的能力，也因此阻礙了一切有情眾生降伏自心，並增長美善的素質。

○七四

噫！我禪修的耐力薄弱，居然證得神通。
我連修行之道的邊都尚未沾到，卻毫無必要地東奔西跑。
踩它！踏它！在「顛倒妄想」這叛徒頭上跳舞！
致命刺向「自我」這屠殺者和敵人的心臟！

說我們**禪修的耐力薄弱，居然證得神通**。這很荒謬，因爲除非是因爲過去的業力而擁有神通，否則這樣的能力一定是靠著心一境性的定力，然而有些人驕傲地宣稱他們有這樣的能力，而其他人也誤信他們吹噓出來的能力。律典（出家的戒律的典籍）對這一點有特定的指導：即使有人擁有神通，也不允許向他人宣講，如果沒有這樣的神通，卻欺騙他人具有，就違犯了根本戒，不允許再留在僧團之內。

在佛教的道路上，神通和其他特殊的能力是一種次要的成就，他們並不是佛道的目的，心一境性的定力有助於培育菩提道上的核心——菩提心和智慧，因爲若沒有這樣的能力，不能持續專注於禪修的所緣境，證悟實相便不夠穩定。菩薩培育神通，是爲了更切實利益眾生。例如知道誰的過去世與自己的互動有比較親近的業力關係，可以讓菩薩較易引領眾生。

同樣的，雖然**我連**（**菩薩**）**修行之道的邊都尚未沾到**（就是遇到任何有情眾生，都自然生起菩提心），卻可笑地自以爲得到了神足通，可以很快從此地飛到彼地。即使我們因爲培育定力得到神通，如果沒有慈悲心，就會爲了自利而濫用神通的可能，在過程中傷害自己，傷害他人，本頌是取笑人們在修行道上沒有正確的優先順序，宣告自己有神通能力。

〇七五

有人誠心提出饒益的忠告，我竟視他為仇敵。

有人對我欺誑無義，我卻以善意報恩。

踩它！踏它！在「顛倒妄想」這叛徒頭上跳舞！
致命刺向「自我」這屠殺者和敵人的心臟！

西藏有一句俗話說，關切的言語從來不會悅耳。朋友給我們**饒益的忠告**，讓我們不要走錯路，因爲他們可以看到我們處境的盲點，而我們如何回應呢？居然**視他爲仇敵**，忙著自衛，並傲慢地叫他別多管閒事。

舉例來說，有人有吸毒的問題，親戚告訴他：「毒品破壞了你的家庭和工作，即使你想要快樂，可是毒品會讓你失去重要的東西，包括你的自尊。要不要考慮去治療？」但是這個人聽不進去，他說：「我沒上癮，我只是用來樂一樂，就像其他人一樣。你也吸毒，滾開，別管我！」

這也會發生在同修之間，法友想給我們**饒益的忠告**（例如提醒要持戒），我們就萌生敵意，瞪著他，然後掉頭而去。因此有些出家戒強調聽從勸諫的重要性。要是僧團指責我們行爲敗壞，而我們指控僧團偏袒、仇恨、恐懼和無知，就會自食其果。

相反的，也有人想從我們這裡得到什麼好處，因此諂媚討好，我們就心甘情願上當，末了，發現這是一場陰謀，就怪罪對方占便宜，其實是我們貪愛讚美和聲名才會上當。只要有人示好，壯大我們的自我，我們就無視那人不道德或欺騙的行徑，這擺明是我們愚蠢！自我中心讓我們容易上當。

你也許會疑惑：「明明是那人在耍手段，你卻責備自己。」那人也許欺騙我，並對我說謊，但我無法控制他人的意向和行爲，然而我必須在己方負責。我還年幼時，也許天眞無知，信任不該信任的人（這是不同的），但現在我長大了，很清楚的，我對於讚美和情感的貪執，讓我上了鉤，如果我更有智慧，就不會靠別人來感覺良好，相反的，我會建立起自信感，相信我有佛性，不會那麼容易掉入詭計。不會因爲單純天眞來責怪自己，但是我會負責去克服它。

初學佛法的時候，我們的修行也許是佛法和世法的混合，然而，久而久之，就更容易辨認出我們充滿自我中心的世間目的，並有自覺地在一切行爲上培育更好的發心。這種心態的轉變，包括打開心門接受饒益的忠告，且不會受雙重標準的建言所騙。

〇七六

他人視我如親眷，我卻把他們的隱私告訴他們的仇人。

他人愛我為至友，我卻無良地辜負他們的信任。

踩它！踏它！在「顛倒妄想」這叛徒頭上跳舞！
致命刺向「自我」這屠殺者和敵人的心臟！

我們都想和了解自己、值得信任的人建立親近的關係。若要有這樣的人我關係，我們必須尊重他人分享的祕密。當他人**視我如親眷**，訴說祕密，我們就受到特殊待遇，因為他們信任我們，也許說出很難說出口的事情（他們對過去的行為感到羞愧），或透露一些他們不想讓別人知道的事。我們對他人的感受不敏感，一轉頭就說出祕密，話一傳出去，讓他們很難做人。更糟的是，故事一傳就扭曲了，我們對一個故事的「稍微潤飾」也會誇大到難堪，甚至不正確。如果傳到他們仇敵的耳中，這些信任我們的人會受到重傷。我們這樣的行為是不懂得尊重，而且不懂得感謝。

如果他人**愛我為至友**，我們就有責任回報他們的慈心。我們因為沒有感謝，自我中心讓我們為了一己之利而利用他人，辜負了他人的信任，不僅點燃他們的怒火，有時會點燃恐懼，讓他們以後更難信任自己。我們透露他人的祕密，為己利而利用他們，話一旦傳出去，他人對我們也失去了尊重和信任。這會延續到未來世，我們很難信任別人，他人也很難信任我們。信任是充實人我關係的基本要素，我們的行為會使自己欠缺這樣的要素。

反過來說，有人告訴我們他人的祕密，除非那是個很特別的情況，需要揭露，我便知道不能信任那個人，爲什麼不呢？因爲他也可能會洩漏我的祕密。同樣的，如果我看到有人對不起他人，我不會和那人交朋友，因爲如果我和他要好，他很可能也如此對我。

當然在一些情況下，勢必要透露一些人家跟我講的祕密。例如你知道有人已經或正要犯罪。在許多地方，根據法律規定，教士、老師或心理治療師必須要透露這些資訊。也許有人神志不清，或是在極度痛苦中，告訴我們一些祕密，因爲這人頭腦太不清楚，不能在那時尋求幫忙，我們也許必須接洽可以幫助他的人。我們是爲了朋友的利益，用悲心來助人。

有時候，在一個公司、佛法中心或家庭裡的人很害怕洩密或說離間性的言語，所以沒有人討論問題，此時，情況會變得更糟，威脅到其他人的身心安康。天主教教會掩蓋性侵醜聞就是一個例子。在這樣的情形之下，我們必須對每一個牽涉其中的人（受害者和加害者都一樣）懷著悲心，善巧地把資訊公布出來。

〇七七

我粗猛刻薄，分別心比別人嚴重，
我難以相處、常挑起他人的惡性。

踩它！踏它！在「顛倒妄想」這叛徒頭上跳舞！
致命刺向「自我」這屠殺者和敵人的心臟！

在第一行出現的分別心，藏文翻譯起來就是妄想症，我們前面曾經提過這個字，意思是預設成見或編造故事的迷信念頭（見頁一二〇）。我們的心會編造故事：「這些人在背後說我壞話。」或者「他們要設計陷害我。」我們無謂地多疑、焦慮，而且恐懼。有時候焦慮和恐懼所引起的痛苦，比實際情況所帶來的痛苦還大。

我們都碰過這事：幾個人在講話，我們走進房間，他們就閉口了，我們妄想的心就開始編故事：「他們一定在講我。」我們並不想澄清我們的假設，因爲我們很確定自己的詮釋一定正確。

我們變得暴躁，指控別人有負面的想法、說不眞實的話或做了根本沒做的傷人的行爲，不管他們說什麼來澄清這個問題，我們都拒絕傾聽，結果讓自己和他人都很痛苦。我們不必擔心別人在背後說我們的八卦，更應該小心自己說他人的八卦。

另一個預設成見的影響，就是我們變得很懷疑，充滿了疑惑，使我們癱瘓不能夠行動。「這事發生了嗎？還是那事發生了？我應該做這，還是那？」我們的虛妄分別大量繁殖，像夏天裡的兔子。周遭的人小心翼翼，唯恐得罪我們，因爲不管他們說什麼或做什麼，我們都做錯誤的詮釋。最後人們乾脆躲著不跟我們講話，因爲我們幾乎完全誤解他們所說，或指控他們其實根本沒有的動機。

我們的偏見也激起嫉妒心，推著我們跟別人競爭，要贏過他們，因爲我們怕他們會控制我們。偏執狂、疑惑、懷疑、嫉妒使我們只和幾個支持自己的人結黨營私，我們視他人爲敵。無論在家庭、政黨，還是社運團體、佛法社區，辦公室或體育隊伍，只要有人因偏執狂造成摩擦，牽涉其中的人都非常不愉快，人們開始生氣，小事化大。

我難以相處，常挑起他人的惡性，相處是一個試煉。有人很友善，我們卻容易生氣，而且情緒都很糟，不給人好臉色看。我們言行都很粗魯，待他人如僕人，讓人生氣。我們只看自己的利益，說話挑撥離間。也許叫別人替自己撒謊、在敏感的議題嘲弄別人。或者，帶想戒毒的人去提供酒或毒品的聚會。

有時候，我們很挑剔，希望每件事都是以讓**我**最舒服的方式進行。「禪修爲什麼五點半開始呢？我希望是五點三十五分！」我們常想當特例：需要一個和別人不同的床，否則睡不著。餐廳的食物火候太過，我們就罵服務生，叫他端回去。房間溫度太熱或太冷，我們不調整穿衣厚薄，卻堅持要調整溫度，不管他人是否也同意。

有一次，在墨西哥的一個禪修營結束時，參加者表演了一個搞笑的短劇，關於一節典型的禪修。有人把打窗子打開，一分鐘以後，另一人就關上，再過一分鐘以後，又有人開了一半窗。有一個人翻書，另一人叫他安靜一點，然後第三個人找紙做筆記，叫剛才那兩個人多替別人著想。

當然，我們可以適時說出需要和偏好，但是如果別的方法對別人更方便，我們就不應缺乏彈性，堅持每件事都要照自己的方法來做。我們發心要成爲菩薩和佛，就應該適應改變，畢竟，誰聽過一個自我中心的菩薩？

即使很想交朋友，但是我們的抱怨、說謊、八卦閒話、不負責任，讓自己**難以相處**。我們對自己缺乏正知，不懂他人爲什麼對我們生氣、躲著我們。當我們多次向家人要錢，知道他們氣我們曾把這筆錢花費在小東西上時，我們還是很驚愕。我們失心的行爲觸動了**他人的惡性**，我們不喜歡這樣，他們也不喜歡。

當人們說出我們並不贊同的想法，無須感到受威脅，大可給他們空間說出他們的想法。有時候，當我聽到一個不同意的意見就慌了：「我必須要阻止這個想法，如果不阻止，我會走錯路，每件事都變得一團糟。」然而如果我們給某人空間，讓他說出心裡話，特別是在團體討論時，其他人也許會說出疑惑，於是這個人會看到自己的想法不可行。有時候，人們只是需要被聽見，然後再打消自己的意見，我們面對不同意的想法，無須馬上怒氣沖沖地把它擊落。

我們需要能分辨出分別心何時生起，應熟悉自我中心和慈悲心在身心生起時是什麼感覺。因此，我們練習覺知心的「音色」、各種念頭的「滋味」或「質感」。我們注意身體，當一個特定的情緒在心中顯現的時候，有沒有感覺到稍微緊繃或稍微放鬆？培育這種敏銳，會帶給我們很多和自己相關的訊息。而且也可以學會調節念頭、情緒和行動。

〇七八

當他人有求於我時，我從不伸出援手，反而以詭計來傷害他。
當他人讓步，尊重我的意願時，我仍善不干休繼續爭辯不已。
踩它！踏它！在「顛倒妄想」這叛徒頭上跳舞！
致命刺向「自我」這屠殺者和敵人的心臟！

有時候，人們向我們求助，我們很明顯地假裝沒有聽見，要不，就用藉口。現在最普遍的藉口是：「我太忙了。」當然我們總有時間做一些自己喜歡做的事，但若有人求助，我們不想幫忙的時候，我們絕對推說太忙了。我們不僅忽視人們的請求，還**傷害他**，這很令人憎惡，而且卑鄙。人們來求助，我們反而欺騙他們、偷竊他們的東西，而且毀了人際關係。

即使有人對我們很好，**讓步，尊重我們的意願時**，我們還是不滿意，引起衝突。有人在爭執之後試圖彌補，但我們還是繼續大力批評，總是我們對、他錯。有人在團體相處和諧時，就感到不安。也許他們從小的家庭生活就很混亂，因此，只要他們加入團體，就傾向於**善不干休繼續爭辯不已**。他們覺得不和諧的感覺更自然，其他人當然不喜歡這樣。

當他人請求我們建議，他們很誠懇地想把事情弄清楚，若在那時攻擊他們，是非常不仁慈的。同樣的，如果有人初來乍到一個團體，我們也不應讓他們在他人面前覺得屈辱或困窘，必須讓他感覺受歡迎。讓他人感覺不好，我們的自我中心能得到什麼好處？在一個新環境裡，歡迎他人，讓他們感覺自在，當然創造了所有人都想要的快樂和善意。

10

討厭鬼：克服對讚美和聲譽的貪愛

○七九

我固執不聽忠諫，難於與人相處。
我易受冒犯，總是強烈記恨在心。
踩它！踏它！在「顛倒妄想」這叛徒頭上跳舞！
致命刺向「自我」這屠殺者和敵人的心臟！

我們不喜歡聽取他人的**忠諫，難於與人相處**。任何發自慈悲心的建議，都看似威脅著我們的自主性或聰明才智。任何在責任位置上的人，都看似要控制我們。對權威的看法，使我們看不見慈心，而且拒絕接受指導和鼓勵。我們希望獨立，不願為別人著想而有「負擔」。

我們的自我如此強大，小事就被詮釋成「我」、「我的」。有人隨便說一句話，就自認為他在攻擊我們，立即以憤怒回應。我們的傲慢如此鮮明，常誤解大部分無害的意見，認為對方在中傷我們。我們把任何人說的每件事都套在自己身上，很**容易受到冒犯**，即使對方無意侮辱我們，也強烈**記恨在心**，然後立誓報仇，最後還覺得奇怪，為什麼大家不喜歡跟我們在一起？

我們很容易受傷、板著臉、惱怒，相信他人不欣賞我們。有人很溫柔地說：「你今天看起來好悲傷，有什麼不對勁嗎？」我扮個鬼臉，說：「沒什麼事，好得很。」然後轉頭背對著他。在人我關係裡發生了問題，我們不去解決，反而馬上離開，從來不給自己機會學著和別人溝通敏感議題。凡事不用我的方法，就拉倒。

我們不需要把事情變成「非黑即白」，要不是用我的方法，就是怕不喜歡我而照別人的方法去做。我們不控制別人，但可說出偏好，而不期望結果。如果團體決定用另一個人的計畫，我們也可以跟著決定走，因爲我們眞誠關心他們，並不是害怕他們拒絕，或貪求他們的同意。

看到自我中心的滑稽表現，我們應該學著自我揶揄，別把自己看得太認眞，修行裡帶點幽默感很重要。我們的煩惱心生起了一切，眞是滑稽，不是嗎？

〇八〇

我渴望高位，視崇高的善知識為寇讎。
因為情欲很強，我追求青春年少的人。
踩它！踏它！在「顛倒妄想」這叛徒頭上跳舞，
致命刺向「自我」這屠殺者和敵人的心臟！

此處法護大師講了我們的顛倒錯亂觀念所玩的把戲，我們渴望高位，希望在許多領域顯得很特殊、有錢、長得好看、善於運動、有藝術天分、能幹、慈悲、聰明、智慧、有創意，而且是最好的佛法學生，還加上，我們希望他人知道我們在專業領域裡非常優秀，值得尊敬（甚至值得畏懼）。

我們追求崇高的地位，把他人看成競爭者，若比我們好，便想毀滅他們，或至少摧毀他們的聲譽，以免他們比我更有名或更受尊敬。如果我們渴求成爲著名的修行人，有深刻的洞察力和能力，我們便**視崇高的善知識爲寇讎**，我們的自我中心想譭謗他人的善行、證悟境界或其他優秀素質，我們相信這樣一來，其他人會把我們看得至高無上。

我們若要使修行強固，便必須培育一個心態：尊重聖人（菩薩、上師或是高度證悟的修行人），隨喜他們，並欣賞他們的優秀素質。在他們面前，我們謙卑，並善於接納，希望能服侍他們，並從他們學習。此處剛好相反，我們看他們像敵人或競爭者，嫉妒他們的信徒或供養，沒有把他們看成慈悲的導航者，反視他們威脅到自己的地位。

這樣的心態是一種毒素，我們不尊敬崇高的聖人，便造了惡業，驕慢使我們無法向他們學習。如果我們不尊重有智慧的修行人，如何向他們學習？如果我們關心聲譽和供養更甚於智慧和慈悲，如何能夠證悟？有這樣的心態，即使佛陀現身眼前，我們也會把他看成可厭之人，而非皈依的對象。

相反的，我們應該培育一種心態，隨喜他人的美德、善業、才能和智慧，我們可以隨喜他們有機會學習、禪修或經營慈善機構。「有人知道得比我還多，不是很好嗎？如果我就是佛法知識的縮影，那麼世上的佛法就會衰亡了，因爲我不知道佛陀說的八萬四千法門，我很高興他比我棒，可以引導我，何況我需要支援和榜樣！」如有這樣的觀點，我們的心就打開了，而且虛懷若谷。

我們需要很強的心力來處理驕慢，並以這樣的想法來轉化自心。雖然自我中心會抗拒，但只要持續天天練心，便可改變心態。

當我們變成資深的佛法學生，甚或老師，自我中心可能會宣稱：「我已經不再是學生了，我是老師！」因此必須了解，成佛之前我們都是學生。有時候我們是擔任教育別人的角色，但那是一項榮幸和重責，不是用來吹噓的。

梭巴格西體現了這樣美妙的素質，每一年他的學生爲他舉行長壽法會時，一位學生會念一段自己寫的衷心讚美格西上師的素質。每一年，法會結束前他都會說：「從學生的觀點，尊敬上師對你們的修行有益，因爲尊師有助修行，但從我這方面來看，就好像一隻老狗假裝是一頭獅子。」這是拉然巴格西（Geshe Lbarampa）（今世許多優秀格西的上師，他在達賴喇嘛逃離西藏前接受格西考試時，跟他辯經）居然這樣看自己！難怪他是一位偉大的上師。我們雖然欠缺好素質，總還想：「各位，看看我，不是很棒嗎？」我們其實無甚可觀，卻可憐地吹響自己的號角，看起來愚蠢而可悲。

還加上，我們的**情欲很強**，我們**追求青春年少的人**。雖然我們的心應該專注於利益有情眾生，並且思惟一切法空無自性，實際卻一心一意追求吸引人的青春性伴侶，尋找熱切並信任你的佛法學生來欺騙操縱，以滿足自己的性渴求，看到有人懷有這樣顛倒的順序，真令人厭惡。

既然我們的身心都在無明的掌控之下，自然有情欲，性的想法可能會生起，但是我們不必接受並耽溺，而且，性的征服並非生命的目標。如果性是最究竟的快樂，那麼只要做一次，就永遠滿足了。我們有責任去節制自己不要用不智慧、不慈悲的性行爲去傷害他人。出家人有禁欲的戒律，如果出家人不想或無法持守戒律，大可以還俗，成爲在家的修行人。

要幫助我們克制情欲，佛陀和寂天菩薩教我們不淨觀，要反制不斷衍生的性幻想，密切觀察吸引你的人的身體，揭去皮膚，看肌肉和組織，再仔細觀察骨頭、脾臟、腸子、胃和腦，它們很噁心，簡直不是我們抱得下去、吻得下去的東西。如果我們想擁抱一個身體，它不過是充滿內臟的皮囊，寂天菩薩告訴我們，還不如去抱一個枕頭比較乾淨！

〇八一

我朝三暮四，離開老友。
我迷戀新朋，到處向人吹噓。
踩它！踏它！在「顛倒妄想」這叛徒頭上跳舞！
致命刺向「自我」這屠殺者和敵人的心臟！

結交價值觀良好的朋友，友誼長長久久，是非常有意義的，因爲他們的生活符合倫理道德，對人又有慈心，會鼓舞我們效法。再加上彼此認識甚久，他們可以給我們有用的反饋，我們犯錯的時候，他們可以把我們拉回來，我們動搖的時候，他們會給我們支持。

當然，我們講到長期的友誼，並不意味著什麼人都可做朋友。開始修行佛法以前，我們也許酗酒、嗑藥、看情色片，或和老朋友做了什麼祕密的勾當。一旦開始修行，我們的價值觀和行爲就改變了，所以，自然會尋找跟我們修行方向一致的人做朋友，這並不是**離開老友**；而是一個過程，把友誼調整到與發心和興趣一致。

離開老友指因爲自我中心作祟，想結交有錢有人脈的人，幫助我們圓滿內心的欲望，所以不理老友。我們朝三暮四，結交一個又一個能爲我們做事的朋友，而拋下不能增進我們聲譽、權力和財富的人。當我們遇到一個新朋友，**迷戀新朋**並**到處向人吹噓**，我們表現淋漓，好吸引他人。要是人們上鉤了，我們就利用他們使自己感覺良好，等對他們厭倦了，覺得不再有好處利益自己，就拋棄他們，造成他人很大的痛苦，因爲他們已對我們產生感情，以爲我們是某種形象，結果發現完全不是原先所想。

迷戀新朋並**到處向人吹噓**的另一方面就是，想用最堂皇的方式打動他人，我們不經意提到名人的名字，假裝很仁慈、很可愛，爲他人買禮物，而且開空頭支票，我們誤導人們，讓自己看起來很好、很重要。人們一旦看透了，就會對我們失去信心，並警告他人不要接近。因此，爲了自己和他人的利益，我們必須確定沒有給他人假形象，也誠實地建立友誼，珍視好朋友。

這樣的行爲，除造下投生惡道之因，也造下未來世得人身時，難以結交新朋友維持友誼，屆時，我們就變成被利用被踐踏的人。若我們不想陷入這樣的下場，首先不要令他人經歷同樣的情況，而且待人誠懇、誠實，承認並談論自己的錯處，不爲了貪求更吸引人的朋友而忽略靠得住的老朋友。

〇八二

我沒有神通，卻妄稱神通廣大。
我缺乏慈悲，辜負他人的信任，使人痛心。
踩它！踏它！在「顛倒妄想」這叛徒頭上跳舞！
致命刺向「自我」這屠殺者和敵人的心臟！

像前頌一樣，本頌指出，和他人交朋友時，我們不好的性格就裝神弄鬼了。我們**沒有神通**，卻自誇有神通，好得到供養和尊敬，尤其在亞洲，人們去寺院要求卜卦，並以供養來回報。在西方，可能是暗示自己是祖古，只是還沒被認證；所謂特別的禪修體驗，有時候是自我欺騙，此人還眞的相信自己的修行比別人好。有時候人們訴諸於說謊和欺騙，投射一個有神通的形象，有人也許接受了供養，而且聲名大噪，但是在過程中傷害了他人，也毀了自己的生活。

有一次本精舍的出家人受邀到新時代的市集擺攤位。我們攤位兩邊都是巫師。人們對巫師趨之若鶩，不理會我們，人們坐著，虔誠熱烈地望著巫師，然後巫師告訴他們人生的這個、那個，給出建議。雖然佛陀是萬無一失的嚮導，能引領我們得到永續的快樂，但是人們對巫師更有興趣，巫師會跟他們討論他們的人生、他們的財富、他們的感情生活。

除了假裝自己有神通力，本頌也指虛僞不實的廣告，包括虛假地表現出自己沒有的能力。通常我提到這一點，人們就會反應：「但這正是我們找工作面談時所做的事，如果你不膨脹自己，沒人會雇用你！」

如果我要雇用人，我會找願意談自己的弱點的人，我會很懷疑總是宣稱自己無事不知的人：這樣的人會很難相處，因爲他們自負到不會開口求助。如果有人說：「這些是我的天賦，那些是我不知道卻願意去學的。」才比較誠實，也才會成爲更好的員工。人們若是很想得到工作，就會美化自己的特質和能力，最後他們很可能要做一個自己不喜歡的工作，或其特質不足以勝任的工作。

我們也許各方面都**缺乏慈悲，辜負他人的信任，使人痛心**。我們欺騙他人，讓人誤認自己很好，結果自我中心的行事方式，摧毀了這樣的信任。有人從不爲他人著想，背負大串痛苦、破碎的人際關係。無論是專業上、友誼上，還是佛法的人際關係，我們都需要謹慎而且誠實、誠懇地交朋友。

如果我們擔任引導他人修行的身分，尤其需要慈悲和可靠。有許多宗教領袖的案例，或故意欺騙，或不自覺有問題，於是虐待小孩、欺騙年輕婦女，或剝削他人的財富，而破壞了這份信任。從上師這方面來說，誠實和正直非常重要；從學生這方面來說，要知道尋找一位具備何種素質的上師，而且別被表面的光彩迷住。我們需要一位與人互動時是聰明、多聞、慈悲、耐心，而且直率的上師。我們不要在表面上有魅力，卻看不見自己的過錯，又自我膨脹的上師，因爲選擇上師，是我們的工作。需要緩慢明智地選擇。當然，如果我們需要具備以上特質的上師，應該也在自身培養這些特質，而不要用財富、聰明、關係或權力來打動上師。我們知道綑綁在生死輪迴有多痛苦，更應用謙沖、尊敬、熱情的方法來尋找上師。

〇八三

我寡聞，凡事總妄加臆測，信口開河。
我對經典所知貧乏，對萬事都抱持邪見。
踩它！踏它！在「顛倒妄想」這叛徒頭上跳舞！
致命刺向「自我」這屠殺者和敵人的心臟！

如果我們**寡聞**，有人提問的時候，就妄加臆測，信口開河，捏造答案，改變話題，讓發問的人看起來很蠢，避免說四個眞實的字：「我不知道！」在佛法的脈絡中捏造答案，會誤導他人，對他人是有害的。人們初學佛法時所學的東西，對於未來的修行影響很大。如果他們開始學的，就是不正確的佛法，往後會掙扎很長時間，即使後來的上師給予正確的資訊，也會懷疑上師。

要是我們不知道，就說不知道，一點問題也沒有。我記得一個與談會上，在很多觀眾面前，還包括該領域的專家，有人問達賴喇嘛問題，他說：「我不知道。」整個房間馬上安靜下來，這裡有一位最重要的宗教專家，居然說他不知道，人們嚇到了。在我的眼中，這是顯示達賴喇嘛的正直，他更關心他人，不會裝腔作勢來保護自己聲名。

我們必須下工夫來覺察知道的和不知道的。有一個說法是：「當你知道你有所不知，你就開始變得有智慧了。」如果我們教人們已經知道的事，卻說得不正確，他們會很智慧地質疑，然而，如果我們向初機學佛的人開示，他們會視它爲眞理，可能引導他們走上一條錯誤的道路。

由於我們**對經典所知貧乏**，充滿邪見，又將邪見運用於修行。例如有些人稍事涉獵金剛乘，就告訴他人：「你不需要持守波羅提木叉或菩薩戒，因爲金剛乘超越這些規則和限制。」其實，證悟的金剛乘修行人非常戒愼於道德倫理的行爲，且戒行完善，無可指責。又有人說：「金剛乘並非建立在巴利和大乘經典的基礎上，這是完全不同的佛教。」這也不正確，我們要進入金剛乘，首先必須在四聖諦和菩薩道上具備良好的訓練，並有一些出離輪迴之苦、菩提心和空性慧的體驗，若沒有以上這些，而想要修習金剛乘，最多也只是裝模作樣，最糟糕的是，非常危險。

研讀經論使我們多聞，我們學習在正道上要修行什麼？要棄捨什麼？我們學習到廣大的視野，可以看到成佛之道包括什麼，並引導我們如何次第修行以證成佛果。有了這樣廣闊的理解和世界觀，我們聽聞佛法時，會知道不同的法門適用於何處，而不會混淆。

有些人只知研讀經論，卻不修行；有些人說聞法無用，倡導只管禪修。事實上，兩者都非常必要。要是我們沒有聞法，不會知道要修行什麼？如何正確修行？要是沒有修行，我們的知識只停留在理性層次，不能在身心上產生深刻的轉變。佛教並不是體證涅槃前只修習一種禪修技巧。我們的心非常複雜，有眾多面向，需要運用多種禪修方式來處理。要學習如何禪修，並衡量我們的成就，聞法非常重要。我們必須確實了解自己身處生死輪迴，是什麼因緣有以致之，我們需要知道哪些特質需要培育，哪些需要制伏，並精確理解修行的目標和成果。只修行卻不聞法，就像開車卻不看地圖或不懂交通號誌。

什麼讓我們**妄加臆測**，**信口開河**，並**抱持邪見**？就是自我中心令我們懶得去聞法，以及我執不想把教法銘記在心。我們再次看到，這兩者是所有的困境和壞習慣背後的主使，解藥就是結合聞法和修行，使兩者互補。我們在過程中需要對自己有耐心，這需要一些時間，但只要我們走向正確的方向，就可欣慰於自身的努力，也隨喜他人的成功，繼續在知識和理解上成長，同時也在智慧和慈悲上成長。

〇八四

我因貪心和瞋心的積習，侮辱一切反對我的人。
我因嫉妒成性，貶抑他人。
踩它！踏它！在「顛倒妄想」這叛徒頭上跳舞！
致命刺向「自我」這屠殺者和敵人的心臟！

由於**貪**於財富、地位、觀點和人**的積習**，我們會生起瞋心，**侮辱一切反對我的人**或使我得不到想要的東西的人。人們對於貪愛的目標各各不同，有人貪愛舒適和財富，有人則是地位、形象和聲名；其他人則貪戀感謝和愛，或是堅持「自己是正確的」，將討論轉成衝突，不計代價要贏對方。只要貪愛受阻撓，就想傷害擋住我們的人或物。

因爲對上師、傳承和宗教的貪愛，我們有了門戶之見，還把他人踩在腳下，雖然因此產生的貪愛和分裂的行爲，與佛陀的法教相左，我們還是沉迷於無明。佛陀是善巧的上師，知道眾生有不同的根性和意向，宗教不能一體適用，人們需要適合自己的思考方式和能力的法教。因此他的教法是讓各種人都可以找到合適的法門和修行方式。佛陀受到尊敬的理由，就是多元化，如此才不會把他人踩在腳下，宣稱自己的法門是最好的。

從佛教的觀點來看，世上有不同的宗教是件好事，每一個宗教都幫助其教徒過更合乎倫理道德、更具慈心、更慷慨布施的生活，因此，所有的宗教都應該受到尊重，我們可以用尋求眞理的心態，辯論不同宗教的教理基礎。不必非要勝過他人。

我們學習宗教，有了更深刻的理解之後，很自然對創教者、上師和教義懷著更多的尊敬和感謝，這樣的信心、信任和忠誠是善行，對修行非常重要。這和貪愛不一樣，因爲它讓我們內心喜悅，而不是掉舉或爭強好勝。進一步而言，我們不期望每人都用我們的方式來看待事物，不需要和其他的宗教競爭教徒人數、財富或地位，我們尊重他人的信仰，雖然自己並不跟隨。總之，宗教和諧不是把每人都轉化成同一信仰，或者說，所有的宗教都在說同樣的事情，相反的，是隨喜人人都發現合理的信仰系統，並讓他們更具慈心。

在佛教裡也有許多不同的見解存在，甚至存在智慧的上師和虔誠的學生之間。舉例而言，阿底峽尊者對上師金洲❶大師非常尊敬，只要提起上師的名字，眼眶就充滿感謝的淚水。然而阿底峽尊者持空性的中觀見，金洲大師則是唯識見，如果這兩位令人尊敬的師生在究竟實相這麼重要的議題上都意見分歧，彼此還能有如此深刻的尊敬和感謝，那麼我們和上師在政治、女性角色和酥茶的益處上有不同意見，就微不足道了。我們要從上師處獲益，卻不必在這些議題上全盤接受他們的意見。上師教我們二諦時，不必同意我們文化上約定成俗的見解。有許多學生非常虔誠、尊敬上師，卻不同意上師在某些佛法上的基本觀點，但他們並不懷疑上師教導的每一件事情或上師的價值。

我們除了被貪心和瞋心擾動，還**嫉妒成性**，不能隨喜他人的好運、美德、機會、知識和成功，於是**貶抑他人**。比如一位大學教授嫉妒另外一位教授得到終身教授職或甚受學生歡迎；一位工廠的工人嫉妒另一人得以晉升；在家庭裡，一人也許嫉妒另一位手足得到父母更多的注意或讚美。嫉妒那些長相、口才、行為比我們好的人，或比我們富有，比我們博學，或比我們討人喜愛的人，我們**貶抑他人**，把他們踩在腳下，這是一個天下本無事，庸人自擾之的例子。

只從理性上認識這些偈頌是不夠的，我們需要應用在日常生活中，這樣，我們的行動就成爲佛法，因爲這牽涉到了把不善心轉化爲善心。這些法教清楚指出我們的錯誤，鼓勵我們要有正知，要注意這些讓人擾動的情緒和行動，然後，不找藉口，應用對治方法從中解脫。

〇八五

我不學習，摒棄廣（聞）。
我不依於師，蔑視經教。
卻自大自滿、自以為是。
踩它！踏它！在「顛倒妄想」這叛徒頭上跳舞！
致命刺向「自我」這屠殺者和敵人的心臟！

不學習經教有許多形式，我們也許覺得不需要聞法；或者我們已經聞法夠多，全盤了解；如果我們眞的研讀了，也許次第不對，也許不從頭到尾讀一部經或一個主題，只東翻翻

❶法稱（Dharmakirti）大師，十世紀時的佛教僧侶，因居住在蘇門答臘的海邊，當時被稱為黃金洲，所以他又被稱為金洲大師（Serlingpa）。

西讀讀，跳來跳去，什麼也沒有學到，因此禪修時，很難得到體解，因爲我們對禪修這個主題或禪修方法的了解不夠充分。

有一個**蔑視經教**的例子是，不了解佛陀不同的法教是爲適應各種根器，而形成一個無縫接軌不衝突的整體。舉例而言，不瞭解波羅提木叉、菩薩、金剛乘的戒律可以幫助人們降伏菩提道上不同階段的煩惱，我們卻批評它們是互相抵觸；或者不了解佛陀爲什麼在一些經文中說有一個阿賴耶識，又有經教反對如此，我們蔑視經文，其實是無知。

我們**不依於師**，也許因爲驕慢，相信自己可以把成佛之道拼湊起來。我們從佛教拿來一點，基督教拿來一點，或卡巴拉（Kabbalah）❷和蘇菲（Sufism）❸拿來一點，把它們混在一鍋，煮成一道自己的修行湯，要不，就不信任別人的智慧或能力，認爲不需要上師，就能走向覺醒，甚至不知道在道上有哪些里程碑，不自覺可能出現的陷阱和彎路。

剛踏上這條道路時會很謙卑，並且看到上師的確比我們知道的多了許多。過了一陣子，我們也許就驕慢起來，認爲讀得夠多了，自己畢竟是一個很好的演說者，他人能被我們的話語打動。其實我們知道許多的名言和概念，理解層面卻少得可憐。

驕慢在我們的修行進程中形成了障礙。雖然諸佛一直在行佛行事業度化眾生，我們必須接納才行。這要依靠勝任的上師，如車乘載運佛行的影響給我們。例如太陽照在紙上並不會起火，但是拿一個放大鏡，對準了焦，火就會燃起。太陽就像佛陀的佛行事業，老師就像放大鏡，它可以讓我們聚焦，讓智慧之火在心中點燃。上師引導我們接觸法教，他解釋複雜的概念，使法教成爲我們淨化自心的工具，上師並示現眞誠修行人的典範。我們觀察上師的行爲，會看到修行讓生命多麼殊異，因爲他們對於日常生活的反應，和凡夫不同。

進一步而言，上師會當場糾正我們的行爲，也許會下評語：「你今天看起來有點違和？」或「你對那個人說的話，當眞是那樣的意思嗎？」這是書本做不到的事。在某些情況，讀書也許讓我們的自我中心更加自在，想讀的時候，拿起一本書，疲倦的時候，又放下書，書本不會跟我們講：「小心，你有點專橫了。」

不依於上師，使我們心胸狹窄，當佛法打中我們的自我中心，也許會敵視佛法，我們也許會變懶散，把法教看成理性的知識，而不去思惟：這是什麼意思？我正確修行，有什麼結

❷希伯來語，字面意思是接受/傳承，為猶太哲學思想，旨在界定宇宙和人類的本質、存在目的的本質，以及其他各種本體論問題，解釋永恆的造物主與有限的宇宙之間的關係。

❸阿拉伯語，為伊斯蘭教的密契主義（或稱神祕主義），其詮釋的方式有異於一般穆斯林，他們透過冥想及導師接觸到阿拉，把敬畏之心化為對阿拉無私的愛。

果？若**不依於師**，我們甚至可能藐視上師，藐視傳承，導致對佛法失去信心，甚至不再修行。正確依靠上師非常的重要。

〇八六

我無法詮釋經律論三藏，憑空杜撰理論。
我未修習淨相，只會辱罵和呵責。
踩它！踏它！在「顛倒妄想」這叛徒頭上跳舞！
致命刺向「自我」這屠殺者和敵人的心臟！

我們曾學習、思惟、討論、觀照並了解的佛陀法教，不拿來教導他人，反而捏造出自己的教義和成佛之道來教導他人。有人教導錯誤，也許懷著良好的動機，相信自己所教是正確的，由於盲目，不知道曲解了佛陀的原意；還有人是有意竄改佛陀的法教，認為傳統的解釋有錯或有局限，他們貶抑偉大聖人的詮釋，倒不是因為他們用理性來駁斥聖人，而是因為不喜歡這些聖人。他們寧願教能滿足自我的「道」，此「道」應該快速又簡便，因此容易上當受騙的人就會喜愛。教導此「道」的人，很快就名利雙收了。

我第一次遇見佛法時，非常感動於尋訪過的所有上師的教導都沒有矛盾，而且他們會指出經論中的段落來證明教法。在此之前，我受教的「修行人」所教導的就彼此矛盾，我不知道該相信哪一個，非常迷惑。佛法上師的基本訊息是一致的，而且數世紀以來，人們修行這些法教而證悟，令我對自己所聞的法有了信心。我實際測試這些法教，以理性來檢驗，更增進了信任感。

有人聲稱他們已經證悟，也許是說謊，但有人自認是證悟的聖人，這是因爲他們沒有研讀經典，也不明白每個證悟階段的徵象，再加上他們沒有和上師查核，讓上師正確估計他們的進展。他們也許會想：「這必定是證悟了空性。」其實只是超常經驗。又或者，他們也許會感覺到身體裡有許多能量，就想：「這必定是大樂智慧。」其實是性欲的力量——人們只是誤解了。

在密宗的修行裡面，我們**修習淨相**——看到身處的環境是淨土，周遭的人是天人，看上師和自己也是天人，然而我們**未修習淨相，只會辱罵和呵責**，因爲我們聽任迷信的念頭和偏見天馬行空。若不思惟空性，我們想像自己是天人，然後出於驕慢，相信一切我們不同意的人都威脅了純粹的佛法，必須阻止。

密宗的**修習淨相**，是幫助我們克服煩惱，雖然一般是說看到自己和周遭的每一件事都是純淨的；另外一個方式是，猶如一位天人，運用智慧和慈悲來看待情況，這樣一來，我們看到阻擾的人只是想尋求快樂的有情眾生，不會認為他人都沒有希望，而會去思惟他們的佛性。我們不再受控於我執，而是如天人，視自己和他人都是空無自性的。

但是有人不觀想自心純淨如天人，反而誤解了淨相，相信天人的心像自己的心，也相信自己的煩惱是智慧，於是就威脅別人：「如果你不這樣做，護法神會打擊你！如果你不照我說的做，就破了三**昧耶**戒（你神聖的承諾）①會下地獄！」不幸得很，最近這些事情經常發生，所以我們必須檢視可能當老師的人，也要小心別曲解了佛法，以錯誤的行為傷害他人。

〇八七

我不輕鄙違反佛法的不善行，
卻毀斥善說。
踩它！踏它！在「顛倒妄想」這叛徒頭上跳舞！
致命刺向「自我」這屠殺者和敵人的心臟！

我們不**輕鄙**也不棄捨跟佛法背道而馳的不善行，反而反常地快樂隨喜。我們不重視優秀的法教，反而**毀斥善說**——也就是違反佛陀的法教。甚至在佛教社區裡，都有人批評出家眾的戒律，說：「這些規則一點用也沒有。只不過說：『你不能做這個，不能做那個。』這一定是爲那些對自己行爲不太有正念的人而設。」有時候他們說：「人會出家，都是因爲他們的親密關係出了問題，或壓抑性欲，禁欲是違反人性本能的！」這些人忘掉了佛陀本身就是一個出家人，持守戒律。他們眞相信佛陀修行不正確，而且他們比本師知道的還多嗎？

也許人們如此批評，是因爲他們自己覺得禁欲很難，或因爲不明白出家生活就是爲除去修法的障礙，若研讀了菩薩戒或密宗戒，又牢記在心的人，就知道批評出家戒律、譏笑持守戒律的人，十分不宜。

如果批評法教是一個極端，隨便相信聽來的每一件事，壓制所有質疑和檢驗，又是另一個極端。佛法鼓勵辯論、質疑和討論這些法教，因爲這樣有助於正確了解佛法，然而我們質

①梵文，意為相互了解、協議、立約、合同、參與、約定、協議成條件、規則等。顯教有菩薩戒，密教也有菩薩戒，密教的菩薩戒就叫三昧耶戒（samaya śīla）。此密教三昧耶戒之戒相有四——為不應捨正法、不捨離菩提心、不悋慳一切法、莫作不利眾生行等四重禁。

疑的動機應該是尋求眞理，而非貶抑法教，或顯示我們多麼善於說服別人我們的邪見是正確的。當我們的心憤世嫉俗、懷疑、挖苦，就顯示我們的探詢受到煩惱的汙染。那時，我們要停下來自問：「我的罩門眞的被觸碰到了，我的罩門是什麼呢？怎麼樣才能把這些情形看得更清楚，不再是機械性反應？」

總之，這些偈頌是有關隨喜錯了地方：我們隨喜不善行，不顧法教，如果我們注意到自己這樣做，便應該停下來自問：「我正在做與我所尊敬的法教相反的事情。困擾我的到底是什麼？」用正知來認識我們的恐懼，然後就可以自問：「那種恐懼是否如實？佛陀說法，令我們解脫，而不是讓我們害怕或想控制我，我必定曲解了法教。法教眞正的意思是什麼？」如此，我們就能去除折磨人的煩惱或邪見，這才是眞正的修行。

〇八八

我在應該慚愧之處不生起慚愧，
對不應該慚愧的善行，卻令我慚愧。
踩它！踏它！在「顛倒妄想」這叛徒頭上跳舞！
致命刺向「自我」這屠殺者和敵人的心臟！

本頌和下一頌是關於人們毀謗善行，以爲不善行是可以做的。譬如我們不把殺人看成**應該慚愧之處**，反而發展一套理論爲什麼容許殺人，甚至必要：「社會有權殺死一個謀殺犯，以遏止其他人殺人。死刑不是殺人，是正義。」

同樣的，我們編造理由使不智慧、不慈悲的性行爲看似合理：「我沒有強暴她，她穿成那樣子，自找的。」「我雖然是愛滋病病毒帶原，我在性行爲沒有防護措施，也不算做錯。對方有責任去保護自己。」

對不應該慚愧的善行，卻令我慚愧。我們對修行和善行感到很不好意思，閉關一週回去上班，同事說：「什麼？你把假期都花在坐墊上，盯著自己的肚臍看嗎？還是好好過日子，找點樂子吧！」我們內心非但沒有對修行感到滿足，反而非常不好意思，編個理由：「還不是因爲朋友要我去嘛！」

要是我們對自己想應用在生活中的價值和原則已思考周詳、很有信心，遇到別人質疑，也不會缺乏安全感。如果他人不同意我們的價值觀，也沒問題，不需要爲自己的價值觀道歉，或同意別人的價值觀。如果那些人有興趣打開心門來討論，我們可以解釋生命的輕重緩急。如果他們能夠了解我們的論理，那很好，如果不行，也沒問題。我們對自己的信仰非常有信心，而且可以容忍差異。

甚至當我們做一個決定，相信是與佛法相應的，仍可能生起懷疑和貪愛，在這樣的情形下，需要一再重溫做決定背後的道德理由，內心會更熟悉它，並肯定它。這是眞正的修行，因爲這才是練心。

安忍和精進對修行都非常的重要，有時候我們會碰到類似這兩個善心所的負面心態。比如我們告訴自己「應該」或「不應該」做某件事，就很像努力行善的心態，內心卻是抗拒的、不清明的，這樣一來，精進就缺乏對善行的喜悅。若要得到精進，必須棄捨「應該」的沉重。這可以經由隨念我們珍貴的人身、其殊勝的目的甚爲稀有，這便除去了不情不願的義務感，內心生出喜悅，熱切去做有意義的事。

當我們的心編造速即成佛的偉大期望，迫不急待要看到結果，修習安忍能夠保持平衡。我們需要接受自己目前的層次和能力，棄捨不如實的期望，又知道未來我們必能成長並改進。一旦知道改變會慢慢發生，安忍和精進會給我們堅持不懈的力量，不致沮喪。

○八九

我沒有做應做的善行，
卻做不正當的行徑。

踩它！踏它！在「顛倒妄想」這叛徒頭上跳舞，
致命刺向「自我」這屠殺者和敵人的心臟！

我們內心散亂時，不能專注於生命裡重要的事，**做應做的善行**，我們也許有很多研讀經論和參加閉關的想法，但一個也沒能落實，我們做白日夢，跟隨內心的衝動，以爲自己是「行動發乎自然」，也是「無拘無束」，其實是任憑貪執、瞋怒、怨恨和嫉妒脫韁，結果捲入**不正當的行徑**——酗酒、吸毒、賭博、看情色片、在街上閒蕩、惹麻煩，還鼓動他人起而傚尤。放蕩行徑讓我們精疲力竭，因此沒有精力或興趣來利益他人了。總之，我們只是把時間浪費在積極造作苦因。

我們不讓我執和自我中心這兩個敵人來毀掉生活，要認出它們而且予以反制，思考業力和業果是一個很好的對治，思惟珍貴的人身、無常和死亡也是。這會激勵我們以皈依三寶做爲修行指導，有助於改變壞習性，雖然一開始要制伏狂野的心十分困難，但是只要隨念我們長期的快樂是有意義的目標，就會養成忍受困難的力量，完成最重要的事。

一聽到「困難」這個字，或許會讓人遲疑或害怕，然而我們很習慣爲了自我中心的目標忍受困難：我們多年上學，聽講，考試，貸款舉債來受教育，因爲受教育可以賺錢。一旦開始工作，我們一大早從床上躍起，以便準時上班，願意忍受少睡、有時來不及吃早餐的困難。這都是爲了賺錢，接著熱切計畫要如何花掉薪水。然而鈴聲響起，起床去禪修，就太困難了，我們沒有時間重溫佛法課上的筆記，卻花許多時間上網和發簡訊。爲閉關的交通費省吃儉用，已經算忍受困難，把錢花在各種不需要的物品上，卻興高采烈。

我們有能力忍受困難——只是我們的心僅願意處理生死輪迴中的困難，這就是需要重新調整價值觀和輕重緩急之處，思惟生命中什麼才是有意義、有價值的事。只要優先順序清楚了，以前覺得困難的活動，現在都變得很容易。隨念輪迴中欲樂稍縱即逝的本質，我們就不再以它爲優先，且培育出一種知足感，因爲知足，不致因追求欲樂而暈頭轉向，內心反而更穩定、更滿足。我們以增長福德、更深的定力、慈心、悲心和智慧爲生命中的優先重點。

11

終於安全了：皈依三寶並培育強力的決意

第九十頌揭開了本書的新章節，在前文中，我們一再思惟自我中心和我執的過患，總是推到同一個結論：**踩它！踏它！在「虛妄分別心」這叛徒頭上跳舞！致命刺向「自我」這屠殺者和敵人的心臟！**我們現在要訴求智慧和菩提心，以大威德金剛的形式示現，來反制它們。

○九○

威神大力士，具有善逝的法身，
摧滅我見魔怪的摧滅者，
揮動利棒，那空無我智的利器，
請果決地在頭上揮旋三圈。

我們現在皈依大威德金剛，這位憤怒的本尊是大樂智慧和慈悲的體現，祂的忿怒相不是對眾生，而是對自我中心和我執，此二者才是我們眞正的敵人。他**揮動空無我智的利棒**，代表證悟人、法皆空無自性的智慧——即直觀證悟人與法皆空無自性的佛智，菩提心是助力。

大威德金剛是覺醒的佛、善逝或「善巧斷除煩惱，去到涅槃之處」，這是因爲他已經斷除了兩障：一是煩惱障，使我們無法解脫，二是所知障，使我們不能見一切相智。諸佛去除了兩障，以及接著產生的苦和五蓋，超越了生死輪迴，達到了無住涅槃。

佛有四身，有時候合併爲二。此處的「身」指佛所具有的種種德性，佛的二身是：「法身」，是佛智，「報身」則顯而可見，能夠利益眾生。法身又可以再進一步分成：(1) 理法身：佛智中的空性和滅，(2) 智法身：佛的一切相智。大威德金剛**具有善逝的法身**。報身有兩個形式：(1) 自受用身，是佛示現在淨土教化聖位菩薩，(2) 他受用身，是歷史上的釋迦摩尼佛和其他佛的示現，我們直接在世間具體可見。至於**威神大力士**，指大威德金剛的報身。

成佛時，同時證得到四身。四身本性相同，但是我們在此分別說，指出它們不同的特質。一尊佛之所以有不同的形式，是因爲我們無法跟一切相智直接溝通。若有機會，請多研讀大經大論，以便了解四身，這將開啓一扇大門，更理解佛的體性以及如何利益眾生。

佛陀的一切相智，是斷德，也是證德，這個斷德，是斷除一切煩惱障（無明、煩惱、令我們在輪迴中一再投生的業力）和一切所知障（內心一切微細的染汙，以及它所帶來的二元觀點）。證德則是完全培育了殊勝的功德，包括無所緣的慈心、悲心和六波羅蜜。我們心中現在就有證悟這些殊勝功德的潛力。法教常說到要斷什麼，要修什麼，即指斷德和證德。

大威德金剛摧滅了**我見**，也就是我們生死輪迴的根源。「自我」一詞，要看上下文脈絡而有不同的意義：指「我們自己」（例如對自己仁慈），或是走路、講話、造業和感果的世俗我。這裡所說的「自我」則是指一個人，是依著五蘊（假名爲人的基礎）成立的假名我。根據中觀應成派的觀點，我執的一詞中的「我」是自性，在思惟空性時的所破事，**我見**是指內心執著人和法有自性，沒有我（即沒有自性）就是無我。

在**我見**裡，有人我執和法我執。人我執是執著或認爲有一個人（六道中的任一眾生）自有自成，不待緣而存在。在人我執裡，我們說「有一個人」（有時譯爲「身見」），這個見地執著我自己有自性，並不執其他人有自性。法我執是執著其他一切現象（尤其是五蘊）是有自性的。

《心經》說：「照見五蘊皆空……色……受想行識，亦復如是。」五蘊無自性就是法無我，無我慧可以摧毀法我執。「亦」這個字指人無自性。五蘊既空無自性，建立在五蘊之上的假名我，也空無自性，如果假名的基礎沒有自性，那麼這個假名的事物（在這個情況下是指「我」）既然依著這基礎存在，當然也沒有自性。

大威德金剛和其他的本尊（藏文爲 yidam）沒有自性，就像其他的一切法，空無自性，依因待緣而起，如福德和智慧的累積，便是祂們成就的主因。祂們的存在是因爲根據不二大樂、以報身示現的空性。

大威德金剛是皈依三寶的體現。眞實的道和眞實的滅是眞實的法寶，只要在我們的心流中證了道和滅，一切苦便不再生起，一切煩惱也摧毀了。眞實的道，是去除了二障的智，眞實的滅，是二障一旦去除便永不再起，也就是心的某些部分沒有了二障、空性的清淨層面。我們若證悟了法寶，就成了僧寶，待清除了一切障，就成了佛寶。

不二，根據不同的法本有不同的意思，此指能所不二，也就是「能」（能證悟空性的大樂智慧）和「所」（所證悟的空性），然而並不是截然二分。一般上，當我們認識所緣境，便有一個能認識的心識，和被認識的對境，但此處既然智慧直接認識本身的究竟本性（空無自性）便沒有能認識的和所認識的截然二分，各不相屬。在一切有情眾生的心識中，只有聖者的等至（直接認識空性的智慧）是不二的，其他心識看待能、所都是有分別的。

不二的智慧是了義的本尊，而這種智慧體現的色身是不了義和可詮釋的本尊，若欠缺這種理解，會以爲諸佛是各各獨立的客觀存在，如同神學觀念中的上帝，要不，我們也許認爲不二智慧是有自性的宇宙能量，示現萬物。然而，佛陀破斥人或法有自性。因此我們切記，本尊的假名基礎，是大樂和空性的不二智慧，以特定形式示現，這種智慧能理解一切法無自性，因此它自己也不可能有自性。

大威德金剛**揮動利棒，那空無我智的利器**，摧毀我執這個敵人，骨棒頂端的頭蓋骨提醒我們無常和死亡，也激勵我們，趁機會還在，趕快運用珍貴的人身來修法。我們懇求大威德金剛**果決地在頭上揮旋三圈**。第一圈代表摧毀煩惱障。第二圈代表摧毀自我中心，因爲雖然已去除煩惱障，但自我中心滿足於解脫的寂靜而受限，使我們無法進入大乘菩薩道。第三圈代表著摧毀五取蘊，即受無明或隨眠無明的影響所生起的身心。

大威德金剛三次運旋智慧利棒，也象徵證悟無上瑜伽密法之道：淨光、幻身，和二者的融合。要證得淨光，我們必須令非常微細的心生起，所有的能量精氣都化入心輪，證得空性。幻身是這些能量精氣以本尊的形態示現，本尊並不是骨肉之軀。淨光和幻身合而爲一，是一尊佛密不可分的身和心。佛能夠直接並同時認識勝義諦和世俗諦，且正確無誤。除了佛，無人能及於此，連聖位菩薩也做不到。

自第九十頌開始，我們懇求大威德金剛，並表達清清楚楚的發心：我們現在完全確定我執和自我中心是眞正的敵人，從此過新生活。雖然接下來的偈頌是懇請大威德金剛，但同時也是懇請我們內在的智慧日有增進，終成佛智。

〇九一

祈願用您的猛力，摧毀這敵人！
祈願用您的大智慧，破除顛倒妄想！
祈願用您的大悲心，使我們免遭業報的苦果！
從此連根拔除我執！

究竟顛倒妄想或顛倒執著，即是執有自性。還有其他顛倒妄想也非常需要摧毀。有四種顛倒妄想：(1)執無常爲常，(2)執不淨爲淨，(3)執苦爲樂，(4)執無我爲我。要證悟一切法的究竟實相，也就是無自性空，首要大力反制這些顛倒妄想。

第一個顛倒妄想，就是把無常的事物（每一剎那不斷變動的事物）看做是常存而且靜態：我們認爲自己和周遭世界都是穩定的，我們和昨天是同樣的人，住的地方也和昨天一模一樣等等，但是世上每件事物都變動不居。在粗顯的層次，事物會消逝，建築會倒下，人會死，兩人會分離，甚至當我們摯愛的人死去或珍視的情感關係結束的時候，我們雖然在理性上理解，還是非常震驚。在內心深處，我們期待這些事物永續，一旦消逝，就非常難過。粗顯的無常之所以生起，是依於細微的無常，也就是沒有一件事物可以在下一剎那仍保持不變。我們並不是年輕正盛，便突然變老，而是在我們受父精母血的那個剎那，就開始變老，而且步向死亡。情感關係展開的剎那，就會變化，而且走向終點，兩個人不可能永遠都在一起，這人或那人總會死去，或者兩人漸行漸遠。

變動是我們的本質，也是我們的生命結構，由於無明，我們看不見而且接受不了，這就是痛苦的來源，我們拒絕接受自己不想要的改變。因爲無明，我們憎恨老去、厭惡死亡，好似排拒它們就可以沒有老死。反過來說，若我們接受粗顯和細微的無常，心會更有彈性，更容易適應變化，因爲我們已接受此時此刻不可能永遠持續的事實。

第二個顛倒妄想，是視不淨的事物（尤其是我們自己和他人的身體）既潔淨又富於吸引力，如果我們想像看到自己或愛人皮膚下面的身體，其實是既不潔淨又不誘人。有人一看到身體內部，便昏厥過去或大喊大叫。有些不乾淨的東西會從身體的每一個竅孔流出來。食物盛在盤子裡看起來美味，但一經咀嚼並吞嚥下去，看起來就很噁心了。

思惟不淨，是對治身體執著的良藥：執著這個裝著穢物的皮囊，有什麼好處？這同時也是對治性幻想的良方，因爲這樣一來，我們就可以如實看待另一個人的身體，不再想像它有多麼誘人。

雖然我們的身體不淨，也不可愛、不值得爲它執著，我們卻也不必恨它。身體是珍貴人身的基礎，我們要妥為照顧，用來修行。

第三個顛倒妄想是，把本質上苦的事物，看成有快感，而且是快樂的來源。在煩惱和業力的影響下所生起的任何事物都是染汙的，因此也是苦的，無法提供我們永續的喜悅和平靜。我們前面討論過三種苦（見第三頌），一切眾生可以認識到「痛苦」的苦是不圓滿的，比較難以接受的是，世間的「快樂」（變動的苦）是不圓滿的，因為我們的確感受到一些快樂。然而這種快樂並不會持續，到最後我們就感到幻滅、不滿，而且陷入痛苦，因為世間所謂「快樂」其實是小小的痛苦，要是我們追求那痛苦的來源，痛苦就會增長。肚子餓時吃東西很棒，但「吃」本身並不能保證快樂，如果能夠，那我們吃得越多，就會越快樂囉？根本不是這麼一回事！

我們從顛倒妄想中解脫，可以讓我們產生出離心和決意，要從生死輪迴中解脫。我們專注於解脫和覺醒、真正的快樂和平靜，才能從苦出離。

一旦去除了這個顛倒妄想，便有助於接納我們面對的情況，我們不再期待每一件事都花好月圓，而認識到事情並不永遠都照自己的意思進行，能夠接受這一點，我們就不再憤怒，不再想控制每件事和每個人。

進一步而言，我們不再執著外在的事物是快樂的來源，因為了解它們無法帶來永續的滿足，這樣一來，我們其實更能享受事物，因為我們放掉了不如實的期待。同時，我們修行的意向會增長，因為認識到佛法會引領我們達到眞正快樂的境地，這有助於重組我們的優先順序，把精力集中在生命中最重要的東西。

第四個顚倒妄想是，把沒有「我」的事物看成有「我」。在表淺的層次，這指相信一個常存、獨存的自我，無須依因待緣。更微細的「我」，則是執著有一個自有自成、實體存在的人。而在最微細的層次，是錯誤堅持人和法都有自性，法有自性是基本的無明，使我們流連生死輪迴的根源：看到每一件事都是在外界的客觀存在，獨立的存在，跟因緣、各個組成元素、觀念、假名施設都無關。

這四個顚倒妄想聯手操作，使我們愚癡又不快樂，但我們太習於用這四種顚倒妄想來看待事物，甚至沒有意識到自己有著顚倒妄想，更不用說認識到它們是痛苦的來源。一旦明白了我們的心如何與實相脫節，我們的理解和智慧就增長了。只要有一個剎那看到這四個顚倒妄想：「我把稍縱即逝的事物看成穩定而且可以預見。我把不淨的事物看成潔淨而且可愛。我把本質上不圓滿、不可能帶來永續快樂的事物，看成大樂和滿足的根源。我相信我自己和宇宙中每一件事物都獨立存在，雖然情況根本不是如此，我必須服用法藥來療癒我內心的顚倒妄想。」有了這樣的認識，我們就訴諸大威德金剛來幫我們**用大智慧，破除顚倒妄想，祈**

願用您的大悲心！使我們免遭業報的苦果，從此連根拔除我執和自我中心！

大威德金剛怎麼做呢？他教導我們佛法，特別是中觀應成派的觀點，來摧毀我們的顛倒妄想，聞、思、修這些法教，便可摧毀我們的顛倒妄想，增長智慧。要保護我們不受不善業的果報，祂教我們以四力對治法來淨化不善業。淨化不善業最究竟的方法，是思惟這些惡業和我們這些造業的人都空無自性。這樣一來，我們就看到一切法如幻，不過是假名存在，而非有自性的存在。

從此連根拔除自我，並不是說我們尋求自我毀滅，毀掉世俗諦上的自我，此處的「自我」是指自我中心和我執。我們有了大悲心和菩提心，便摧毀了自我中心；有了證悟究竟實相的智慧，便摧毀了我執和一切障。餘下的只是摧毀一切顛倒妄想、擁有佛功德的世俗我。

思惟「人無我」最困難的一點，就是了解「所破事」——我們一直相信有「自我」或「我」，其實沒有。要做到這一點，祖師大德都建議我們隨念一個我們受到冤屈的場景，用我們內心的一部分，來檢查這個「我」如何看似存在，這就是我們要否定的「我」。另一個了解所破事的方法是思惟緣起，想：「我存在，是因為有讓我存在的因緣。」我們是有因有緣的法，不是獨存的，當我們思惟這一點一段期間之後，然後「比較柔軟」的我和平常一般「堅實」的我（也就是客觀上存在的我，是個自我封閉的實體，想要控制每一件事），我們就看到兩者之間有巨大的鴻溝，我們的直覺是：「我眞正存在，而且獨立存在！」我們不會想到我們之所以存在，只是因爲因緣讓我們存在，這種「具體」的我看似獨存，即是我們的所破事。

有時候，或有些機會，我們比較容易觀察到是否有一個有自性的我。舉例來說，我住在一所中國寺院時，必須用手洗衣服，而且必須用某種方式刷洗。有一次，我正在洗衣服，另一位比丘尼走過來指正我，告訴我如何「正確」用刷子，我心裡很快生起一個很強的「我」：「**我**知道怎麼洗衣服，不要告訴**我**怎麼洗！」那個時刻，就是停下來觀察人（這個我）如何看似存在：好像眞有一個眞正的「我」，身分是一個成人，知道如何洗衣服這類簡單的事，現在被人看扁了。這個有自性的我在感受到威脅或產生防衛性反應時，一切就更清楚了。

然後檢查這個「我」是否可能以它表面上看起來的方式存在。果眞如此，那麼「我」（這個人）就應該能在身心（假名的基礎）之內或之外找到。「我」是我的身？還是我的心？或者，「我」是身心的結合？還是獨立於身心之外？

如果我們習於如此，那麼，生氣就會變成非常有趣。我們被激怒時，便不會整個人跳起來，防衛自己，怪罪另一個人。我們內心的一部分會反思：「現在我有機會來看所破事了，這正是大好機會，檢查『我』是不是眞的像看起來那樣存在。」

〇九二

輪迴眾生的一切痛苦，
絕對都是從我執而來。
只要仍有五毒煩惱，
必然會積聚同樣性質的痛苦。

本頌聚焦於修行自他交換法，想著一切眾生所經歷的各種不圓滿和痛苦的經驗，懷著悲心，希望他們不再受苦，我們一肩承擔，知道**都是從我執而來**，這就是苦的主因。

五毒煩惱是：無明、瞋心、貪心、嫉妒和驕慢，只要我們內心出現這五個煩惱，我們就會受苦，當我們在五毒煩惱的影響之下採取行動，就摧毀了他人和自己的快樂，把不善業的種子留在心流中。

有時候我們直覺了解這些煩惱稱爲「毒」的原因。舉例來說，我們也許置身於一種情況，人們的煩惱完全失控：惡毒地爭執，貪婪地爲自己多爭取一些好處，沒有正直感、公平感，也不爲別人著想。我們置身其中，身體上感覺生病了，好像情緒會毒害人心，也會毒害環境，導致我們心理和情緒上枯竭、生理上感到噁心。這時，我們必須這樣想：「同樣的，當我缺乏正念和正知，煩惱也是失控的，會毒害自己的心和周遭環境，使他人生病。」

本頌忠告我們，若要治病，就無畏地把自己和他人的五種煩惱，以及環境中染汙的能量，堆積在我們心中的我執塊壘上，然後完全摧毀。之後，感受一下內心和環境的平靜。

〇九三

我既然認識到一切不善的根源，
我既然經由正理，去除疑惑
若我繼續教唆，頑強辯護，
就摧毀這個執著的人吧！

由於佛陀和上師的慈悲心，也因爲本尊大威德金剛的慈悲，激勵我們內心，我們至少已認識一切問題的根源，其實並不是伊甸園裡的蘋果或撒旦，而是我們自己的我執和自我中心，我們自己經由**正理**和檢驗，就可以得出結論：我執就是一**切不善的根源**，也就是苦和苦因。有勇氣和智慧來檢驗我們內心的狀態以及跟他人相處的經驗，我們便去除疑惑，知道我們的苦正是根源於內心根深柢固的顛倒妄想和錯誤的貪愛。

然而，我們有個根深柢固的習慣：把我們的苦怪罪於他人和外在環境，如果我們無明地教唆我們的敵人：我執，並且**頑強辯護**，大威德金剛會把「我」催醒！不讓「我」繼續毀滅自己，幫「我」看到眞正的苦因其實源自內心，而且讓我們有勇氣克服這些擾動的情緒，和隨之產生的不善行。

總之，如果我們只在理性層面覺察到自我中心和我執的過患，我們會**繼續**（**隱藏並**）**教唆**內在的敵人，最後，敵人就會回過頭來摧毀我們。反過來，如果把非常痛苦和迷惑的情況，看成大威德金剛前來催醒我們，就會在菩提道上成長和進步。

就摧毀這個執著的人，並不是意味著我們希望自我毀滅或傷害自己，**執著的人**是指我執，並且誤認「我」有自性，其實這個「我」是正理所破事，並不存在。然而這個世俗「我」（假名存在）還會繼續存在，而且修道，終至成佛。

12

慈悲行：
成爲我們想要成爲的人

○九四

從今我將一切過咎都歸諸於同一來源，
我會思惟一切眾生的慈心恩澤。
我願取來他人的不善法，
為利益眾生而回向一切功德給他們。

現在我們的心很清明、穩定而且有決心，絕不讓我執和自我中心繼續毀了我們的生命。也不會把自己的問題怪罪到他人身上，反爲自己的人生負起責任，接受我們的苦是因爲過去造作的不善業。「我不喜歡現在的情況，希望事情改頭換面，但是我接受因爲自己的恣意、自私的行爲，只能住在輪迴之中。有些行爲也許是過去世所造，我不復記憶，但即使在今世，我仍可以看到自己有許多行爲不夠仁慈，事實上，根本就是不體諒、不尊重，而且有害。既然我不喜歡現在感得的果報，我必須從這個果報學習，不再造這樣果報的因。如果我可以學著放掉憤怒、貪愛、報仇的心、嫉妒、驕慢，並且用慈愛、慷慨布施、寬恕和同理心來取代，那麼，經歷這些痛苦就有意義了。當我邁開這一步，便會以悲心承擔他人痛苦，以慈心給予他人快樂。」

然後我們就修行自他交換法，從**今我將一切過咎都歸諸於同一來源**——就是我執和自我中心——然後憑藉勇氣面對敵人，**願取來他人的不善法**，以及不善法所產生的苦果，送給這些敵人，然後消滅他們。

爲利益衆生而回向一切功德給他們，這是從**思惟一切衆生的慈心恩澤**而自然流出。經常思惟他人對我有恩，能轉化生命，並打開心門，看到他人的良善。有時候我們相信這個世界是很冷酷、欠缺關懷的地方，不能信任任何人；有時，我們又認爲自己對世界是很棒的禮物，有資格得到想要的一切。這兩種心態都不眞實，其實我們來到這個世界，身無恆產，沒有錢，也沒有推薦信，我們初來乍到，只會哭、拉屎、撒尿，依靠他人照顧，至今我們還好端端活著，就是證明。若沒有他人的慈心恩澤來保護我們，我們這無助的嬰兒或不知謹慎的兒童，早就因爲餓死，渴死、受傷或病死不知多少回了。

父母或其他照護者，跟在我們後面清理，教我們說話、繫鞋帶和刷牙，沒有他們的努力，我們必然缺乏今日認爲理所當然的基本生活技能，我們並非生來就有能力充分溝通——他人必須破解兒語，並教我們正確的發音，他們要確定我們受到教育，雖然我們也許一心想玩。如果我們只做小時候想做的事，今天豈不是一塌糊塗了？我們看到成人後的自己擁有的能力和知識，就知道都是從對我們感興趣、教育我們的人而來。要是沒有他們的努力和鼓勵，我們現在會成什麼樣子呢？

我們擁有並使用的每一件事物，都是其他有情眾生的辛勤努力。我們在路上開車，有房子住，是因為人們辛勤地建造。有水可用，是因為人們打造了給水系統。日常使用的每一件事物都是由他人供給的，許多人在外國，還過不了如此舒適的生活。我們需要感謝這些辛勤和勞力，對有恩的眾生應自覺有責任。

有些時候我們創造了一種「他人不善行為的受害者」的身分，然而，只要思惟他人的慈心恩澤，我們看到的就剛好相反了：大多時候，我們才是接受大量慈心恩澤的人，想想父母和他人多麼辛苦供給我們成長的食物，想想老師如何教育並鼓勵我們！無論我們成長於已開發國家還是開發中國家。我們至今還活著，都是依靠有情眾生的恩惠。如果我們花些時間來反思他人如何幫助我們，這個受害者身分就蒸發了。反思他人的恩澤，並不只是有益修行，同時也符合心理健康。在修行的層次，思惟他人的慈心，令我們產生慈心和悲心；在心理健康的層次，幫我們去除那些妨礙成長的老舊、慣性的自我形象。

要正念他人的慈心，環顧四周，對於我們看到的每件事都心懷尊重，觀想：「這都是因為他人的慈心恩澤。」當你拿起一枝筆，要覺知許多人的精力都投注其中設計、製造和運送。「我能夠使用一個簡單的工具，如一枝筆，是因為所有人的努力，他們就像我一樣，希望快樂，不要痛苦。我不認識他們，不能親自道謝，但我承蒙他們的恩情。」再環視你坐的椅子和周遭的物品，也依此觀想。然後在覺照中納入這幢建築物的牆壁和屋頂、腳踩的地板、燈和電力等等，這些事物的背後，都是眾生的努力，同時出於他們的慈心——讓這個觀照滲透心底。

這份反思會自動與他人連結，並產生強烈的願望，希望報恩。盼望他們擁有快樂和快樂之因，這就是慈心。我們和他人分享財物、身體和功德，給予快樂之前，必先除去他們的痛苦，這樣祝願人們都除去苦和苦因的發心，就是悲心。這時，我們就準備好修行自他交換法了。承擔他們不善法，這些不善法令他們做出傷人的行動，自己也不快樂。將一切功德給予他們，讓他們能夠培育有益的善心所，成爲喜悅之因。

我們對於四聖諦的理解越深，自他交換法就越有效，**不善法**，如無明、瞋心、貪心，是集（第二聖諦）。正因爲這些煩惱，我們感受到痛苦：苦苦、壞苦和行苦（第一聖諦）。我們希望自己和他人都能夠從這兩個聖諦解脫，**一切功德**：悲心、慈心、喜悅、捨、慷慨布施、戒行、安忍、精進、定和智慧，是超脫不善法的道（第四聖諦）。道可滅除苦和苦因，滅就是涅槃：寂滅的境界（第三聖諦）。

自他交換法可以在我們與他人相處還融洽時修行。若與別人相處已感困難，通常不會想到對方在受苦，我們只聚焦於別人說了或做了什麼，使自己感到痛苦。然而，如果自問：「這個人想到或感覺到什麼，才會講出這種話或做出這種行爲？」我們便認識到這個人不快樂，而且他以爲這樣做可以祛除痛苦、帶來快樂，這個人是愚癡的。同樣的，當我們做出不體諒、討人厭或有害的行爲，不也和他一樣了嗎？這時，我們應該想：「什麼樣痛苦的情緒在困擾他？什麼樣的顚倒妄想在折磨他？」吸入他因煩惱帶來的痛苦，來搗毀自己的怨恨，然後大方地布施身體、財物和功德給他，觀想他放鬆並得到內心的清明和平靜。敵人若有了清明而平靜的心，就不再是敵人了，因爲當人們知足而且平靜，內心就不再有煩惱來推動不善行了。

通常，我們和親近的人才會相處困難，而不是陌生人，因爲有較多機會互動並心懷期待。若我們會因爲密友或摯愛的人所作所爲而心浮氣燥，那麼，改變一下觀點，隨念此人對我們所做的正面之事。不要停留在他惹怒自己的行爲，要隨念他對你有益的言行。

如此，我們會發現看似難以相處的人，仍充滿慈心恩澤。他們或許有一個或多個特質讓你不滿，但若拿他們的其他事相較，就會看到彼此相連，而且互利。雖然我們可以數落每天的小事，來指責別人多糟糕。但是老是想著這些苦澀又憤世嫉俗的事，有什麼好處？如果我們不想變成這樣，就必須把念頭和情緒轉向到如實、有益的方向，因爲自己才是主宰者。

〇九五

我願承受眾生三世、經由身口意三門
所造作的種種不善業，
願煩惱轉為證悟的因緣，
猶如孔雀因取毒草而滋益茁壯。

此處我們又回到法本開頭的主題，猶如孔雀吃了毒草，羽毛變得更豐美，我們也能轉化煩惱爲成佛的因緣，便在菩提道上有進展了。**三門**是指身口意三行，**三世**是指過去、現在、未來三世。我們懷著慈悲心，承擔恐怖分子和壓迫人民的政府的**不善業**，承擔人們因貪心而剝削他人的不善行，也承擔因嫉妒和驕慢而世代迫害種族和宗教團體的仇殺。

懷著慈悲心，承擔一切不善行，我們將無懼地面對世界，因爲現在有方法能夠袪除絕望，正向地關懷現實。我們不再懦弱，不再將眼光轉向他處而不看清實況。無論情況多可怕，都會變成自他交換法的素材。我們不會放煙幕，或把頭埋進沙堆，我們有勇氣，誠實地看待苦和苦因，轉化爲摧毀自我中心和我執，鼓舞我們培育慈心、悲心和智慧的力量。

這就是菩薩的修行。碰到問題不再恐懼和遲疑，不會從困難處退縮，因爲他們深信三寶，也有信心，只要誠敬修法就有效果。他們的生命鮮活、充滿意義，內心喜悅。

這和凡夫的對比何其明顯！凡夫絕望地抓住虛假的自我感，只關心自身福祉，最擅長的就是鬱悶不樂。此處的人不做我們所想的事，我們就搬到另一處去。新的地方又不如想像中那麼好，我們又拔營搬走。同時，我們從不停下來考慮，自己是怎麼對待他人的？

我們就像乒乓球，從一處彈到另一處，科技讓我們旅行得快又容易。在古代，人們生活艱辛，安土重遷。在古老的西藏，你想到其他地方，必須步行或騎犛牛好多天，還要對抗惡劣的天氣和江洋大盜。你必須清楚你到底在做什麼，而且要計畫旅程，這會阻止不滿的心貿然行動。我們別像滿身跳蚤的狗，跑到街道另一邊想逃開跳蚤，卻發現跳蚤還是如影隨形。人們必須找方法與別人愉快相處。儘管如此，有時候環境會給我們喘息的機會。放鬆我們的心，給內心空間，以嶄新觀點來看待狀況。雖然我們也許決定回到問題所在，把事情解決；也許決定放手不管，但無論如何，這個決定必是從智慧和慈悲心出發，而非恐懼和不滿。

〇九六

我把功德回向一切眾生，

猶如烏鴉服毒後，因及時解毒而痊癒，

願一切眾生獲得解脫的機會，
速證菩提！

法護大師現在開始了一些發心和虔誠的頌文，像烏鴉一樣的凡夫有著生命危險，因爲我們浸潤在煩惱毒中，修行自他交換法這劑解藥後，我們現在可**把功德回向一切衆生**，虔誠希願所有人（朋友、敵人、陌生人）**獲得解脫的機會**。我們希望他們能夠培育兩種菩提心：一爲世俗菩提心，也就是發心爲利益眾生而成佛；二爲勝義菩提心，就是了解空性的智慧。菩提心可以反制我們的自我中心，了悟空性的智慧則是摧毀無明的對手。希願一切有情眾生發心解脫，創造解脫之因，不至墮入三惡道。希願他們擁有珍貴人身之後，不要把生命浪費在只尋求這一世的快樂，也不只爲投生善道或個人平靜而努力，希願他們有最高、最尊貴的菩提心，得到佛的一切功德，圓滿他們的發心。

〇九七

直到曾為我父母的一切眾生和我自己，
在色究竟天證得〔佛〕果，

雖然我們皆隨業而漂泊於六道，
願彼此誠心互助，邁向解脫的彼岸。

「色究竟天」指聖者居住的淨土，有一個色究竟天是色界第四禪，是不還果聖人證得涅槃處，另一個是金剛亥母的淨土。

視一切有情眾生都曾經做過我們的父母，我們跟別人就更貼近了。思惟小時候，父母或其他照顧者對我們的慈心恩澤，可療癒對他們的裂痕或擾動不安的感受，於是看待所有人都可親可愛，我們才能祈願眾生得到最高的喜悅：即證成佛果。

動物世界也是如此，我住在尼泊爾柯槃寺的時候，有一隻狗，名叫沙夏，兩隻腿都跛了，只能到處拖行，頭上的傷口上生了蠕動的蛆。牠有一窩小狗囝。沙夏一定經歷過很多痛苦，但牠很愛這些小狗，到處撿拾食物哺育牠們。無論多辛苦，牠都會照顧小狗囝。

看一切眾生愛我們，並照顧我們，就像沙夏照顧她的小狗，我們將功德回向給他們，**雖然我們皆隨業而漂泊於六道，願彼此誠心互助，邁向解脫的彼岸**。

爲了能回向功德，我們必須把心擴大，容忍並寬恕他人。如果人們的行動不符合我們的標準，應記得他們和我們一樣漂泊於輪迴，內心被煩惱遮蔽，自然會做出我們不悅的事，何況我們的心也被煩惱遮蔽，他人即使做出慈心的行動，我們也很容易誤解；他人沒有惡意，我們也會猜疑。尤其，他人也許有不同的優先順序，我們應接納這種多元性。生死輪迴中，不會事事合意。

這並不是說，無論別人做什麼，我們都要默許或應允。我們只要保持平靜，大可以把感受和需要傳達給他人，並建議他們如何做。譬如說，有些人在生活裡缺乏結構性，或難以設定適當的優先順序，他們需要結構和指導，我們可視情形爲他們安排，也可協助他們建立結構。同樣的，我們可以教他們一些方法，來評估不同的選擇，做睿智的決定。

有時候我們也許必須做其他人不喜歡的行爲，但是我們是懷著慈悲心來做。同樣的，有時候他人也會做一些我們不喜歡或不贊同的事，我們在內心思惟智慧而且有效的方法來回應。我們了解這些人在六道中輪迴，內心受到無明所影響，不明白業力和業果的作用。有時候，視彼此關係，我們可以適時跟他們談談不善業和善業，以及如何棄捨不善業、培育善業；另外，有時保持沉默比較睿智，因爲對方在當下不會接納忠告，這時我們就修行自他交換法，保持向他們打開心門。

願彼此誠心互助，邁向解脫的彼岸。因爲我們都在同一條船上——生死輪迴。達賴喇嘛經常提到螞蟻、蜜蜂都會爲了共同利益而彼此合作，牠們直覺必須依賴對方，並且毫無怨言。蜂后並沒有發牢騷說：「我不能移動，你們工蜂把我需要的東西都帶過來，但其實我最想自由，可以到蜂窩外面去，有時候嘛，我就是想自己靜一靜。」工蜂也不會抱怨：「我們得從一朵花飛到另一朵花，簡直累壞了，要是沒有我們，蜂后也活不了，她甚至連哈囉的招呼都不打一聲。」雄蜂壽命很短，也不會嘀咕：「妳只是利用我來生產更多蜜蜂，根本不關心我個人，我不幹了！」不會的，他們都為共同利益而彼此幫忙。

有些人相信狗咬狗的競爭，爬到頂端就是進步，其實這會摧毀彼此。沒有其他的物種像人類一樣，會傷害與自己同類的成員。因此只要我們合作，每一個人都會興旺，我們的物種和星球也會延續。

有時候佛法的修行者會產生這樣的觀念：「過去所有偉大的瑜伽士都獨自閉關，並不依賴其他有情眾生，我也想做一個住在山洞裡的偉大瑜伽士。」當然我們寧願有一座修繕很好的寮房，保溫絕緣良好，還有流動的水和舒適的床，電力和輸水管也很方便，食物至少一週送一次，當然只送我們喜歡的食物囉！然後我們就會思惟慈悲心和菩提心。既然我們一開始就這麼仁慈，又關心別人，修行起來應該不致太困難。結果一週以後，我們就開始抱怨了：「這些護關的人，怎麼笨成這樣？他們支離渙散，送餐永遠遲到，也沒送我喜歡吃的。山洞好冷，床太軟，鳥叫打擾我禪修，我怎能在這裡禪修？」

我們沒有認識到，這是在縱容自我中心，卻用「對其他有情眾生修行慈悲心」來掩飾，雖然我們得依靠別人，卻不感謝他們所做的事，而且只要沒有得到滿足還生氣。進一步說，我們居然在修習慈悲心的時候，怪罪有情眾生發出這麼多聲音，使我們無法專注！

想想看，我們去過的地方，沒有一個不是跟其他有情眾生有連繫，因爲如此，我們是不是應該關懷別人？尤其是所有人都浪跡在六道輪迴，都在煩惱和業力的影響之下。如果任何人想要活下去，都必須關懷彼此，更不用說要證得佛果了。我們依賴其他有情眾生解決實際生活問題，造福德以助證入空性，也和有情眾生有關。如果沒有有情眾生，我們就無從修行布施、持戒、忍辱。而若沒有這些修行，就無從在菩薩道的階地得到進展，並證得佛果。

再說，產生偉大的慈悲心（進入菩薩道的前行）就必須靠有情眾生。如果我們在悲田漏掉一個有情眾生，即使是一隻臭蟲、一匹郊狼或一位政客，我們就不可能成佛。我們若要證得佛果，必須對每一位有情眾生懷有慈心、悲心、菩提心，一個也不能少。

因此我們應該對一切有情眾生懷著慈悲心，從現在開始珍惜彼此，直到證得佛果。我們不用和他人競爭或比較，只要爲共同的利益和佛法的弘揚，守望相助並相互支援。

〇九八

縱使只為一個眾生，
我也願意為他住於三惡道。
我以永不退轉的菩薩行，
為惡道眾生拔除惡趣之苦。

下一組偈頌的重點在於利益惡道眾生。有人質疑是否有這麼多道眾生。有人則接受其他道的存在，但一想到會投生在那裡，心裡就覺得不安。有些人會舉出地獄道的存在，就是他們離開基督教的理由：「我不喜歡人家告訴我，如果我們做了什麼不好的事情或不相信某一種特定的教義，就會墮入地獄。但現在我信了佛教，在這裡又談地獄了，我不知道該相信什麼了。」有人非常困惑：「如果我是基督教，我怕墮入佛教的地獄。如果我是佛教徒，又怕墮入基督教的地獄。」

在佛教裡，沒有一個投生的道是永久的，投生並不是獎勵或懲罰，只是行爲的結果。想到我們現在的心態可能相應的道，也許會令我們更了解不同的道。有時候一個人的行爲沒心沒肺、粗忽不周，我們說他連畜生都不如，那麼，這樣的行爲和心態會讓他們受生動物的身體，是不是也很合理呢？同樣的，一個充滿瞋心的人會把看到的一切都塗上一層色彩，不是很可能投生於地獄，浸潤於暴怒、恐懼和磨難？這一世渴愛、貪婪、執著會染汙我們的心，讓我們投生的環境非常貧窮或無法滿足欲望，甚至最基本的飲食都沒有辦法滿足，這是受生於餓鬼道。

這些投生之道與心有關係，並不僅止於心態。同樣的，置身於我們現在所受生的道，並不只是一個心態，所以一旦投生到其他的形態，感覺也會非常眞實。其他的道正像我們現在的人道一樣眞實或一樣不眞實。

善道是存在的，那裡的眾生感受到很多享樂和平靜，然而，思惟自己可能投生惡道，有正面意義：首先，鼓勵我們不行不善業，因爲知道自己的行爲會影響未來投生之道以及投生爲何種生命形態。其次，擴展我們的內心，因爲看到各種生命形態，因此將慈悲心擴展到眾生。於是發現自己的問題並不是最嚴重的，其他眾生更甚於此，我們已相當幸運。這在爲利益眾生而修行時，會增進我們面對困境的勇氣。

我們現在是走在菩提道初階的凡夫，以此觀點來看，菩薩發心即使只救度一位眾生，也願深入三惡道，看起來無法想像，但是隨著對菩薩更深切體認，我們也會如菩薩般發心。屆時，我們的心會更願意和三惡道眾生一起，救度他們。若要克服恐懼，我們必須快樂地容忍並轉化生活的困境。要是事情沒有按照我們的計畫，或者我們不樂見的事發生了，就培育安忍和接納，接著，我們練習安忍更困難的情況，如疾病、受傷、年老、善意受到辜負、不實指控。我們的安忍和接納會是眞誠的，不是壓抑情緒，也非假裝自己沒有被貽誤。

基於這些修行和體驗，我們可以安忍於業力所感得的苦果，因此更拓展內心，想爲利益他人而安忍痛苦，這是基於更深刻的理解：每人都像我們一樣，想要快樂，不想要痛苦，每人也都像我們一樣，理應得到快樂。然後再思惟他人的痛苦，用慈悲心希願他們不再受苦。我們思惟他們的慈心時，看到有情眾生都値得愛，而且希望他們能夠得到快樂和快樂之因。次第修心，讓利益眾生而生的喜悅，和利益自己獲得的喜悅一樣多。

起初，如果能得到一點回報，我們是願意經歷一點痛苦的。當我們繼續修行，發心就改變了，我們會專注於他人的福祉，而不在乎是否得到回報——我們的回報就是從服務而來的喜悅。

我們的視野和能力逐漸擴展，更有能力發心爲利益眾生而投生惡道，儘管看似匪夷所思。訓練這樣的發心，可強化我們的慈悲心，只要這樣思惟，便能轉化凡夫的思考方式成爲慈悲的方式。然後，串習了正面的發心之後，只要遇見眞正可利益他人的狀況，我們會義無反顧。

雖然已有無量佛，我們還是應該成佛。在生死輪迴中，我們和某些眾生有因緣。在證得佛果之後，我們就比其他佛更能給予這些眾生正面影響，因爲無量佛和他們並沒有這樣強的因緣。

即使在此生也可看到，我們有能力利益特定的人，那是如達賴喇嘛這些聖者都不能直接利益的人。達賴喇嘛並不和我們的家人同住，或去辦公室上班，但是我們可以，因此，由於這一世的業力，我們有機會利益每天遇到的人，連聖者都沒有這樣的機會。所以多把握機會，改善他人的生命。如果我們只關心自己的欲樂和聲名，便沒有把握利益眾生的良機。我們也許認爲這是很小的行爲，但是不知道長期從事微小的行爲，對一個人的影響有多大！

我們應該訓練心在利益眾生時，非常歡喜，也就是說，不期待酬報、贊同，甚至一句感謝，我們的酬報是看到他人的情況或心態有所改善，即使只有一點點都好。我們如能正確評估自己的言行，就對褒貶刀槍不入了。有時候人們去聆聽佛法開示，不知爲何生氣離去，我的上師一點都不在乎，他們不會簌簌顫抖，想著：「我有沒有做錯什麼事？」菩薩的行動表上，沒有討人喜歡或自我的遊戲。他們目標清楚，堅定不移地做該做的事，同時祈願能夠利益現在不接受他們的眾生。

只要我們對墮入三惡道的眾生懷著慈悲心，知道他們的痛苦難以忍受，就可勇敢投生惡道或在惡道示現，我們菩薩見道之時，**以永不退轉的菩薩行，爲惡道衆生拔除惡趣之苦**。

〇九九

一旦置身地獄，願獄卒

對我起上師想，

願他們所持的兵刃化為花雨，

願一切傷害停止，平靜和快樂從此開始。

如果我們一降生於惡道，**獄卒對我們起上師想**，不是非常殊勝嗎？獄卒看到我們，就上前盤問：「你是誰？在這裡做什麼？」我們回答：「我是某某菩薩，我看到許多眾生苦於難言的恐懼，我希望能利益他們。」這位獄卒驚覺居然有這樣慈悲的眾生，從那一刹那起，他們心門頓開，視我們如上師。

由於他們的接納和我們教導的能力，**他們所持的兵刃化爲花雨**。惡意都蒸發了，他們不再折磨自己，憤怒和仇恨都轉化爲慈心和悲心的花朵，地獄眾生現在一**切傷害停止**，內心和周遭環境的**平靜和快樂從此開始**。若沒有平靜的心，不可能有一個平靜的依報。

我們也許會想，這只是一廂情願的空想，但想想看，這樣的事情眞會影響我們的心。我們雖然無法去除地獄眾生的一切痛苦，卻可以增加自己的內心力量——安忍和慈悲。這樣，我們只要有機會，就可以向他人伸出援手，不會因爲恐懼、懶惰或憤怒而遲疑。如果我們不能**想像**進入痛苦和暴力的區域，便永遠無法**做**到。正如我們童年時演戲，穿起不同行業的服裝，想像我們是老師、發明家或父母，便打下基礎，讓我們未來成爲這樣的人。

爲了利益極度痛苦的眾生，如地獄眾生，我們首先必須實際幫助他們減少或除去生理上的痛苦。處於極度生理或心理痛苦的人，太過於沉溺於自己的痛苦中而無法聽聞佛法，於是菩薩首先示現下雨來熄滅極熱地獄的火，或示現陽光、暖氣和電毯來幫助八寒地獄的眾生。在心理方面，菩薩會散發慈心和悲心給一切眾生，讓他們去除憤怒、仇恨、憂鬱和孤立。只要眾生的心因爲憤怒而燃燒，或因拒絕而凍縮，便無法聽聞佛法，因此我們首要滿足他們情緒的需要，這樣他們的心就會向佛法打開。

我們需要許多善巧和勇氣。當周遭的人因憤怒而燃燒、因恐懼而凍縮，我們通常會感到害怕或不安，想從他們身邊走開，然而我們必須希願利益這些眾生，而且培育力量和安忍，不捨棄他們。

我聽過一位佛法大師的故事。他是寺院的住持，有許多弟子。有一個弟子特別惹人厭，不好好持戒，而且和其他的弟子難以共住。其他弟子就請求老師：「請驅擯這個人！他干擾我們，他太駑鈍，朽木不可雕。」大師回答：「你已進入佛法，已聞法，也能修行。他就不這麼幸運了。既然他絕對是最需要法教的人，我希望他留下。」

這樣一說，這位大師便給了弟子當時最應機的教導。

一〇〇

願三惡道眾生亦能得到神通和總持通，
轉生人道或天道，並發起菩提心，
願他們奉行教法來回報我的慈悲，
並依止我為上師。

去除了上一頌所說的他人身體上的痛苦，我們希願他們從今開始直到圓成佛果，都能投生善道，速疾證悟佛法。若生爲人或天人，才有可能得到大乘見道——直接證入菩提心引生的空性。如果懷著菩提心和總持的方法，他們可培育**神通**，救度他人的能力就增進了。

有時候人們會問，爲什麼菩薩知道他人在受苦，還這麼快樂？他們怎忍心眼見這麼多痛苦？我們凡夫很容易就把悲心和個人的悲傷混爲一談。慈悲心的焦點是他人，而個人的悲傷則是把焦點轉到了自己身上：「**我**不忍心他們的痛苦！看到這麼多痛苦，我覺得毫無希望，絕望感要把我壓垮了！」我們接觸或聽說這麼多的痛苦，還得休養生息一番才行。

相反的，菩薩將焦點放在他人，眞誠希願他人從此沒有苦和苦因，進一步說，菩薩知道他人的痛苦是可以去除的，因爲苦因能夠去除，尤其他的根因——執著自性的無明，因爲無明是一個謬誤的心所，誤解了人和法如何眞實存在，然後以智慧認識直到超越。只要智慧之光照耀內心，無明的黑暗就被驅走，當我們越認識實相的智慧，無明就漸漸失去力量，終將永遠拔除。

菩薩知道每一位有情眾生都有佛性——眾生心的究竟本性是清淨的，而且煩惱沒有絕對性。他們知道每一位有情眾生都有潛力產生智慧，認識自性本空，因此可以從輪迴的牢獄中釋放出來。救度眾生超脫輪迴，雖然需要長時大劫，但菩薩知道有此可能，自然會產生許多喜悅，不會有丁點沮喪。

菩薩不會懷著「自我中心」的動機，發心：「**願他們奉行教法來回報我的慈悲，並依止我爲上師**。」相反的，菩薩會想：「我跟這些眾生有緣，我想利益他們。以我顧念他們的力量，使他們生起善心，回報我的慈心。從我在菩提道上修行並得到證悟的力量，希望用我的法教，成爲更適任的老師，希望他人修行佛法，在菩提道上前進。」這樣的發心是從謙遜出發的。

一〇一

願三善道的眾生都能如我
力修無我義，
不致將生死和寂靜起概念性的二元想。
願他們皆能等觀一切皆空。

投生於地獄道，苦於極熱或極寒。投生餓鬼道，感受到極度的饑渴。投生畜生道，全然無明，難以接受法教，更不用說思惟無我。生於善道（人道或天道）有較多的助緣可以學習並且修行菩提道。法護大師現在將我們的思考轉到利益眾生，尤其是教導他們菩提道上的方法（也就是慈悲心）和智慧。

欲界天人也難於把心安頓下來思惟無我，因爲他們受天界豐美的欲樂所吸引，我們一旦擁有許多欲樂，出離輪迴的心便逐漸減弱，要逃離身不由己的輪迴的動機就休眠了。人道一般視爲最有利佛法修行，因爲苦樂參半：我們的快樂足以從粗重的痛苦中暫時喘息，有時間和機會來考慮輪迴現況，痛苦也足以提醒我們輪迴充滿苦，必須出離。

當我們祈願三善道眾生**都能如我，力修無我義**，這是說假設我們也在修空，不會一味叫別人去修空。菩薩的發心可不是給人做僞君子的機會。

根據不同的佛教傳承和教義系統，「無我」有著不同的意涵。我們來審視一下，「無我」一字與一般英文中指無私的慈悲心，意涵不同。在佛法中，指沒有自性，此處上下文裡，指修空性時的所破事——也就是人、法都空無自性，人無我、法無我指人與法都缺乏本然獨存的實有。「人無我」指人沒有實在性，「法無我」指各種其他的現象都沒有實在性。

「無我」與「無明所認識和執著的」正好相反，於是我們產生智慧來認識無我勢必看到「無明所認識和執著的」，事實上根本不存在。一旦理解了這一點，無明就沒有立足之地，且被根除。一旦根除了無明，便不再生起煩惱，也不再造輪迴中一再受生的業，這樣，輪迴便中止了。因此，發慧來認識無自性空，就是解脫和寂靜的命脈。

一切法（生死和涅槃）都是空無自性，而且依因待緣而有，因此，他們有同樣的究竟本性：空性。當我們說**不致將生死和寂靜起概念性的二元想**。**生死**指輪迴——眞正的苦和苦因：無明、煩惱和染汙的業。**寂靜**指涅槃，這是苦和苦因都永遠根除的境界。它們的究竟本性都是無二無別的——無自性，從這一點來說，兩者是平等無別的。然而，在世俗的層次，生死和涅槃是不同的：輪迴的本性是苦，涅槃則是寂靜和無死。

總之，生死和涅槃，無二無別，並不意味兩者相同。在世俗上，兩者不同，輪迴中的人並未證入涅槃，反之亦然。然而生死和涅槃都有同樣的究竟本性：空無自性。等至的人直接見到空性，見到生死和涅槃皆空，兩者無二無別，這個人**等觀一切皆空**。兩者皆空指生死可斷，涅槃可證。如果生死和涅槃都是自有自成，他們就是自我封閉性的實體，跟其他萬事萬物都無關，這樣一來，我們便無法根除無明，也不可能消除生死、住於涅槃了。

當行者直接證悟空性——只有空性呈現心中，只看到空無自性，即一切法的究竟實相，作者、修空的心和受者之間也沒有二元的差別，也就是空。世俗法，如生死輪迴的和涅槃寂靜的差別相，這時並不出現。

聖人（也就是直接體證空性的人）下座後，世俗法又浮現心中，再一次顛倒地呈現有其自性。佛以外的聖者，皆是如此，諸佛卻不然。諸佛從未從修空的等至出定，持續、同時、直接體證世俗有和究竟實相的空性，這是因爲他們已經去除了煩惱障和所知障，不像阿羅漢，只去除了煩惱障。

執著生死輪迴和涅槃寂靜都有自性的人，認爲生死輪迴天生令人厭惡，強烈不願住在輪迴各道中利益有情眾生，他們認爲涅槃是本然的大樂，希望住在這樣寂靜的境界，與生死輪迴中受苦的眾生不發生任何關係。然而，聖位菩薩和諸佛不以二元化來看待生死輪迴和涅槃寂靜，因此在輪迴各道中爲利益眾生而示現，並不感痛苦。

這個討論初看複雜，但只要持續聞法並思惟，我們的智慧就會增長。我們從學習「無我」、「空性」和「所破事」等名相開始，以及「在究竟層面，一切法皆空無自性；但在世俗層面，一切法皆歷歷在目而且存在」的概念。如果我們不先學習名相和概念，就有發明自己定義的危險，然後就完全懵懂了。我們一開始花些時間耐心聞法、討論、提問，便越發理解這些困難的議題，有一天終於可直接證悟究竟實相。

13

增長智慧：空性和緣起

一〇二

我若依此法門修行，很快便可降服敵人！
我若依此法門修行，很快便可降服顛倒妄想！
我將修習無我的無分別智。
怎會不得到佛的色身因和果呢？

方便和智慧是雙翼，可摧毀自我中心和我執兩個敵人。前面說過，方便指出離心、菩提心和一切福德資糧的修行，智慧是指正確證得空性，累積智慧資糧。這兩種資糧（福德和智慧）成就佛身。菩提道的方便層面，主要是我們和世俗諦的關係——日常所面對的人、事和環境，以及一切有爲法的道支，如修行中所培育的布施等。我們學習如何不帶執著並懷著慈悲心，和人、事和環境連繫起來，就從善行中造了很大的福德。福德資糧主要令我們擁有佛的報身，其中自受用身是佛示現教化淨土的聖位菩薩，他受用身是佛示現教化凡夫。菩提道的智慧層面，主要是對究竟實相：一切人和法的究竟本性皆空無自性。智慧根除我執，即生死輪迴的根源。智慧資糧，主要是成就佛的法身，包括佛的一切相智和無住涅槃。

基	道	必須戰勝的主要敵人	修行	資糧	佛身
世俗諦	方便	自我中心	出離心、慈悲心、菩提心、布施、持戒、安忍等	福德	報身：自受用身和他受用身
勝義諦	智慧	我執	修空	智慧	法身

這可讓我們理解到菩薩乘的修行階段中，基、道、果和方便、智慧的關係，如一隻鳥需要雙翼來飛翔，道的兩個層面都必須成就，才能得到法身和報身。因此我們日常修行應該包括方便和智慧，才能夠成功。因爲佛非常平衡，培育了所有最殊勝的層面。如果有人發菩提心，卻不培育智慧，是可以進入菩薩道，卻無法前進到更高的階地。同樣的，有人能夠直接證入空性，卻缺乏菩提心，會修行聲聞道，證得阿羅漢，無法證得佛果。經由修行菩提道的方便層面，菩薩強化了心，可以修空，於是其智慧具有根除一切執著自性的力量。菩薩修空之後，減低了執著，這又減低偏見和其他障礙，產生對每一位有情眾生平等的大慈大悲心。

修習無我的無分別智，有慈悲心支援，方便和智慧就結合起來了。在密宗裡，結合方便和智慧，即是用大樂心觀修細空性。這個大樂不是凡常的輪迴中的欲樂，而是從能量精氣融入中脈而生起的，示現本自具足的淨光心，這個非常微細的心用來證悟空性，這樣一再修空，行者會證得佛果的報身和法身。

總之，本頌說明修行因地（方便和智慧），果（兩種佛身）就會實現。我們每個人都有佛性，即證得佛果的基本潛力。既然緣起是不變的軌則，如果我們正確修行，累積福德和智慧，**怎會不得到佛的色身**和法身**因和果呢**？

一旦理解佛果是由於造了相應的因而證得，便激勵我們專心造這些因，不要被懷疑、執著、自我中心等等分了心。如果我們把精力放在造因，一定會成就佛果，無須擔心；如果我們太專注於果，也許會不耐煩。希望速疾證得佛果，令我們的心充滿了執著，反而變成菩提道上的障礙。然而如果我們滿足於造因，果自然會來。當我們撒下美麗花朵的種子，澆灌施肥，確定它有足夠的光和熱，花朵就會生長，不用浪費精力每天去把種子掘出來，看看是否發芽。相反的，我們會輕鬆享受創造美麗花朵之因的過程。

達賴喇嘛曾經說過西方人最大的問題，就是希望速疾證得佛果，不需要花太多努力，這樣不務實的期待，反倒把進展放慢了。只要我們的心沒有明顯改變，就非常氣餒，想著：「我已經修行一**年**了，內心還是充滿著瞋恚、執著、嫉妒，我**何時**才能覺醒？」一旦感到沮喪，我們就不再修行了，也就是說，我們不再創造成佛的因了，當然，果也不會發生了。

我們為利益一切有情眾生而成佛的目標，必須有長程的願景、內心力量和勇氣。當我們想得到輪迴中的欲樂，往往願意做很大的犧牲，努力以赴。我們求學多年，焚膏繼晷，參加考試，以便得到學位，然後我們就業，努力打拚，甚至超時工作，賺錢來買想要的東西。我們經歷各種起起落落、不適、疲累和挫折，仍專心一志，直到終於得到想要的東西。看到我們可以辛勤努力去得到重要的東西，也應用同樣的精進和堅持，達到修行的目標，爲自己和他人帶來永續的快樂和喜悅。

一〇三

聽啊！總此一切，不過緣起。
緣起性空，非自有自成。
世間事物如虛幻的幽靈，變化無常，
如（旋轉的火）現起火圈，只是幻境。

聽啊！法護大師要告訴我們重要的訊息：**總此一切，不過緣起**。無論生死還是涅槃，無一法有自性，其實只要對這個陳述有初基的理解，就開始撕碎我們的輪迴了。目前，我們看起來法法皆有自性，我們順著這個表象，執著它們有自性。有自性是獨存的同義詞，也就是說，一法的存在，無論如何都不需依待因緣。獨立的法是自我封閉的實體，自有自成，與因和緣、組成元素、能認識和施設此法的心等等都毫無關連，獨立和從屬是相互排斥的：沒有一件事物同時具有這兩種性質，因此，如果一切法是緣起的，就不可能是自有自成的。我們目前視為理所當然「確有其事」的客觀實體，和認識的心截然不同而且分離，根本就不是那樣存在的。

緣起是什麼意思？相互依存有不同的層次。所有佛教徒都接受依因待緣的有為法——由於個別因緣而出現的無常事物。十二緣起的法教體現了這個理則，描述了我們進入輪迴的過程，以及我們不再造輪迴中一再受生的因，從中解脫的方法。

根據因緣而生起，也意味著我們周遭的每一件事物：人、人的身和心、環境裡的各種事物，可意和不可意的情況和事件，一切都由其本身的因緣而生起，例如：一張紙來自於樹、伐木工人、紙廠等等。我們存在是依靠父母、從前世而來的心識的連續性、過去世所造的業，和所吃的食物，沒有一件事物是無因生，每一件事物存在，僅僅是因緣在先，它才會生起。因為有作用的事物是依因緣而起，它們空無自性。

更深一層說，一切法（無常的產物和非無常的現象，如虛空和涅槃）都根據它們的組成元素而存在。我們稱為「我」的，也有組成元素：五蘊，即身心。同樣的，我們的身體也有許多組成元素：而不是一個分不出這元素、那元素、渾然一體的事物。我們的心是由許多清明和覺察的刹那所組成的。

永續的法也依著組成元素，例如空性是永續的（不會從上一刹那到下一刹那就改變），但空性有各種「組成元素」：桌子的空性、人的空性、有作用事物的空性、涅槃的空性。

進一步說，一切法相互依存：長和短、師和生、因和果、三世（過去、現在、未來），都彼此依存。一個種子不能稱爲因，除非它有可能創造出果：苗。生死和涅槃互相依存。能觀和所觀也是，桌子的空性靠這張桌子，桌子是世俗的空性物體。沒有其中之一（譬如桌子），怎麼會有另外一個（譬如桌子的空性）呢？因爲一切法都依其組成元素，也依其與周遭事物的關係而生起，並非自有自成。

更深刻地說，緣起意謂著一切法依著能認識並施設它們的心而成立。一個淺顯的例子是，某人成爲一國的總統或總理，只能是該國人民同意並在他身上施設這個頭銜，他不是天生就是總統，他的權力和責任，只能經由這個團體的同意並施設他做爲總統，譬如說，被全體人民選舉出來。

同樣的，一切法的存在是依著施設的基礎，來施設一個名詞。沒有一法是獨存的，僅僅是被心所施設。一朵花存在，只有我們同意花瓣、杜頭、花蕊、花絲等等的集合，我們稱爲花。依著身心的連結，我們施設「我」或「人」。雖然我們施設一群組成元素以特定形式集合起來，叫做某一物品，但沒有單一的組成元素可以代表那個物品。在集合中，沒有一個元素可指稱那個事物。因爲一切法都依著施設的基礎而被認識和施設，它們之中或它們本身並沒有自性。

舉例而言，當一個引擎、輪子、軸、引擎蓋等等，組合成一個特定的形式，可以用來運輸人和貨物，我們稱爲「車子」，這些組成元素的集合，就是施設的基礎。然而當我們深究施設的基礎，沒有一個元素可單獨而獨立地說「它就是車子」，但脫離了這組成元素的集合，也找不到車。車的存在，僅僅依憑各組成元素的施設，「僅僅」就排除了這部車子「不靠施設的基礎而被施設」而獨存。

雖然我們施設事物，但好似忘掉曾給它命名。相反的，我們相信名稱就是那個事物；我們認爲施設的事物就是那施設的基礎，或可在那施設的基礎上找到叫做那名稱的事物。如果我們把一連串事件標爲「問題」，我們的反應就像它們是眞實存在的問題，會覺得沉重、有負擔，甚至沮喪。如果我們稱某一事件爲「機會」，就有完全不同的連想，會懷著熱切和創意來對待這件事。這個事件的組合，其實就在它之中和它本身，既不是問題，也不是機會，它是空無自性的。

雖然我們也許在理性上同意一切法依著其他法而存在，但它看起來還是像有自己的實質或本性，我們凡常的心會隨順表象，並執著它有自性。這會帶來許多問題，尤其是生起三毒煩惱、產生不善業。理解緣起是一個最殊勝的工具，可以摧毀那執著自性的無明，因此，緣起被稱爲「正理之王」。

在我們看來，事情非常實在，這就導致了許多衝突。例如兩國之間的邊界衝突，甚至可能演變成戰爭，基本上不過就是爭執某片土地。你把這片土地稱爲「印度」還是「巴基斯坦」？刑事審判可決定施設一個人的名詞：「無罪的公民」和「定罪的罪犯」，我們根據這個名詞，給這個人或這件事創造了一個形象，把許多偏見和期待嫁禍於人。這一切都只是人心的產物，人或物當中並沒有自性。

我們忘了是自己創造出這些範疇，於是帶著執著、恐懼、厭惡等等，對看似客觀的實體反應，同時依著我們所施設的這些名詞，衍生出越來越多的投射。若認識到國家、情況和人只是施設，便能幫助我們理解它們實無自性，而有更多空間來清除虛假的投射，用放鬆如實的心態看待事情。

許多人看到有人做出很粗魯的事而生氣，然而，「有禮」和「粗魯」只是緣起。例如西藏文化裡，用我們西方人的方式擤鼻子，咸認爲是粗魯，這種行爲給貼了一個「粗魯」的標籤；反之，遮住頭和臉，然後擤鼻子，則稱爲「有禮」。西方文化裡剛好相反，如果我們把外套包在頭上，然後擤鼻子，人們會覺得很奇怪，而且覺得這種行爲很粗魯。事實上，兩種行爲都不是天生有禮或天生粗魯。

這並不是說：「禮節是空無自性的，所以我們根本就不需要禮節。」這會引起混亂的。無論我們住在哪裡，都要用當地的文化與人連結，這樣才會在世上創造和諧和幸福。然而，我們不應擅自稱某些行爲「不禮貌」或「令人厭惡」，而且認爲它本是如此，我們應認爲這只是在文化條件下，被貼上了如此的標籤。

我們應該把這樣的理解也應用到自身煩惱上。我們常常認爲心理狀態是實體，而說：「我正在壓抑怒氣。」好像心裡有一個很具體、永久、不變的憤怒，然而，憤怒也是緣起的。憤怒的種子（也就是會成爲未來的憤怒）存在於我們凡夫的心流當中。當我們對於外界事物自我解讀而動怒，就會經歷一連串有相同特質的心識刹那——對一個人、情況或事件的負面層面誇大，想反擊或逃開，我們把這些相似的心識刹那施設爲「憤怒」，憤怒不過是依著這些心識刹那而施設的，僅此而已。我們一旦理解緣起，會更靈活變通。

因爲事物是緣起的，因此空無自性。因爲它們是緣起的，它們才存在：它們依著因、緣、組成元素和認識並施設的心而存在。這樣，緣起就顯示出空性和世俗諦可以並存。依存就破除了自有自成的存在，依存也是靠著其他因素而存在。

每一存在的法，都依靠他法而存在。如果不依靠他法而存在，就是獨存，而且和他法都無關。如果和他法無關，就很難說它存在，因爲沒有一個心識或一個人可以認識它。

一切法空無自性，從我們無明染汙的心看起來卻是本然存在，因此它們就像一個**虛幻的幽靈**，顯現成一個相狀，存在又是另一個相狀。若法有自性，它們就是固定、不可改變，因爲它們與因緣無關。然而，它們**變幻無常**，有如幻相，如有客觀的實在性，其實並沒有。如果我們拿一把火炬或一炷香，轉個圈，一個**火圈**就會出現，然而根本沒有火圈，只是表象。

我們只有觀照才會發現，看起來眞眞實實存在的（火圈）並沒有眞實存在；一不觀照，這個火圈就虛妄地存在了。同樣的，我們只要一不觀照，人和法就好像是客觀、獨立的實體；只有觀照，才會認識到他們是空無自性的存在；然而我們只要一不觀照，人和法就顯現出來而且有作用。他們如何存在？依存、虛幻、世俗、僅只是表象。

一〇四

猶如芭蕉，生命力沒有內在核心；

猶如泡沫，生命期沒有內在核心；

猶如霧氣，細（看）便消散；
猶如陽燄，遠觀似鬼魅；
猶如鏡像，好似有形而真實，
猶如雲煙，好似端住而持續。

芭蕉樹很像香蕉樹，其實是灌木叢，而不是一棵樹，有個容易誤導的表象。從外表看來，它的樹幹是實心的，其實是一層一層的葉子，因此「樹幹」可以一層層剝開，裡面是空的，沒有核心。芭蕉樹易折，我們的生命力也一樣易碎。從外表看，我們好像是眞實有，在這個刹那，想著我們是誰，好像是非常眞實的人，不會死亡，能活得長長久久。我們相信這虛幻的表象是眞實的，其實能夠維持我們存在的生命力非常脆弱，沒有不變的**內在核心**，也沒有一個有自性的本性。

泡沫看起來非常眞實，突然一聲（啪）就不見了，沒有實質。同樣的，我們的生命期也缺乏一個實存、永久的核心。雖然可以說：「**我**就在這裡，非常眞實，而且一切盡在掌握之中。」但是我們眞正能掌握多少？能讓自己不生病、不變老或不死嗎？能坐下來，令心專注？能控制多少情緒？其實我們的生命在因緣的影響下，不會永遠存在。也沒有實質而穩定的本性，生命此一時存在，下一時就沒有了，像泡沫一樣。雖然我們感覺自己非常重要，但隨時都可能死去。就算沒有我們，世界和所有人都會繼續活下去。我們覺得有權利對遲到的人生氣，但是一百年後，甚至沒有人知道我的名字。

我們希望人們能記住自己，寫下我們的事蹟，保存我們的照片，給未來的一代看，有這麼重要嗎？許多地球上的名人都死去了，投生惡道當中，雖然人們至今還在談論他們（讚美他們的天分或聲名），但如果他們生在地獄、餓鬼或畜生道，這些完全幫不上忙，無法讓他們不再受苦。我們希望維護子嗣或聲名，但我們死後，這些事根本利益不了自己，只有業力和心的習性跟隨我們進入未來世，而且，很悲哀的，我們生前沒有培養美德和善行。總之，他人如何看待我們、我們如何自豪世俗成就，在臨終之際一點也不重要，只有行為的業種才重要，它會跟著我們到下一世，照片、獎盃和聲名跟不過去。

當我們看到山谷中霧氣彌漫，霧看起來非常眞實，然而當我們走進霧裡，**細（看）便消散**，就看不見了。同樣的，當我們看著世俗法卻不觀照它們存在的模式，它們看似有一個看得見摸得著、眞正的實質，然我們一旦觀照並探究它們：「車子到底是什麼？」在組成元素的集合中去找那個車子，是無法找到車子的，車子的表象便蒸發了。我們無法辨識車子到底是什麼：車不是引擎，不是輪胎，不是軸，不是其他的個別元素，也不是各個元素的集合，卻也無法在組成元素之外找得到。存在的，只有一部施設的車子，無論我們多賣力找，也無法找到比施設的車更具體的一部車。

當我們在沙漠裡行走，非常口渴，突然看到**陽燄**，想那邊必定有水，便衝了過去，卻只見沙。我們同樣被輪迴中的欲樂所欺騙，相信看起來可意的事物眞實存在，不擇手段據爲己有，結果因爲它們無常或不圓滿的本性，無法滿足我們的貪愛，就大大失望了。我們原認爲它們有一個安定的快樂本質，其實並沒有。

由於因緣條件，陽燄看似有水，因爲沙、太陽、光線的折射角度等等。同樣的，由於因緣條件，輪迴中的欲樂看似存在，但欲樂不是自有自成或靠自己的力量獨存。猶如沙漠中的旅者懷著極大的期待，覓到了水的表象，卻落空了，我們也懷著很大的期待去尋找愉悅的事物，但是無法符合期待，發現自己被虛幻的表象所欺騙。

我們看**鏡像**，雖然**好似有形而眞實**，但知道那不是自己的面孔，然而我們也許眞把它當做自己的面孔做出反應，根據表象而產生了許多情緒。同樣的，我們相信有一個眞正的我，而且對我們的生活條件感到痛苦：「我爲什麼不能擁有別人有的？爲什麼他們比我好？爲什麼我的需要和想要的，總兌現不了？」但只要我們去探究，會發現根本沒有一個有自性的眞實的人：從來沒有，將來也不會有。到底是誰讓我們這麼煩惱？我們的確存在，卻並不如我們想像中那樣存在。我們以爲有一個緣起的人造業並感果，但無論我們橫看豎看，都找不到一個不依靠其他因緣條件而獨存的人。

山谷中的晨霧**好似端住而持續**，好像會持續整天，然而一旦因緣條件變化，霧就消散了。晨霧每一個刹那都在同時成住壞，即使我們希望晨霧永遠存在，也不可能。

這些例子都描述了虛幻的表象：它們看起來是這樣存在，但其實是以那樣的方式存在。同樣的，一切法雖然沒有自性，卻都看似有其自性。這樣有自性的事物並不存在，緣起的事物才存在，既然法都有作用，而且因會導致相應的果，我們必須注意自己的行爲，因爲它們會導致即將經歷的體驗。

一〇五

「自我」這會屠殺的敵人，也是一樣，
表面上看似存在，其實從未存在。
雖然看似真實，其實從不曾真實，
雖然顯現，其實超越常斷。

以一棵樹爲例：院子裡看似有一棵眞實的樹，但其實一棵樹有樹幹、不同大小的枝條和樹葉，還有樹根和樹梢。這些組成元素都不是一棵樹，這些元素的集合也不是一棵樹。我們看起來是一棵樹，是因爲它以某種特定方式組成，我們據此而施設它爲「一棵樹」。只有施設的樹，並沒有自有自成的樹。然而，當我們想到我們自我中心的心、我執、自卑、貪執和怨恨，會覺得非常眞實而且實實在在，這些的確看起來各有自性，獨立於我們那能認識、能施設的心之外。

然而，這些事物沒有一樣是按照我們被無明覆蓋的心所認爲存在的相狀而存在，有時候我們的自卑心好像很眞實：有個眞實的**我**，天生不足、無能、不討人喜歡。然而，再看清楚一點吧：當我們稱爲「我」（I or me）的，不過是不同元素（身和心）的集合。如果去找找看「我」是否在身心當中或完全在身心之外，我們是找不到的。但是，如果我們不觀照，就有「一個人」顯現出來了，雖然這個人穩穩顯現爲世俗上的能認識者，但是這種顯現是錯謬的。這個人並不如其表象一樣客觀地存在。

進一步說，我們可不可以把稱爲自卑心的這件事單獨分開來？有一個眞正存在的、稱爲自卑的念頭？還只是一連串同樣擁有「批判自己」的特質的心識刹那？同樣的，我們的自私，是實在而且眞實的嗎？或只是根據一連串同樣擁有「把自己的利益放在別人之先」作用而施設的心識剎那？

若探究「我自卑」和「自卑心本身」之間的關係：我自卑嗎？我有自卑心嗎？如果我自卑，我就跟自卑是同樣的事嗎？不可能呀，因爲我有許多層面。我擁有自卑嗎？如是，我和自卑就是兩件事不同的事了：我是自卑的擁有者，自卑是我的所有物，這樣一來，誰是這個擁有自卑的我呢？是我的身體？還是我的心？感覺上，我和自卑兩者都是客觀的、獨立獨存的，但是如果我們檢視，卻找不到任何一個像是我或自卑的事物。

既然自卑影響我們甚深，那質疑它是獨立的、可辨認的實體，就讓人無所適從了。這種不善心所我們非常熟悉，而且給我們一種身分認同感，所以即使痛苦，也不願意棄它而去。「我是有自卑心的人，別說我有佛性，別說我可以把事情做好，別說我並不差，我就是很差。我知道這就是我。」我們執著有一個眞正存在的自卑，就陷在裡面了。其實有自性的人或有自性的自卑，要找也找不到。

我們一旦發現自己並不如原來想像中的那樣存在，內心有時會引發恐懼，果眞如此，就看著恐懼只是表象，只是我執放了一記煙火讓我們分神，我們不需要去跟隨恐懼，或相信它是眞的。它根據因緣而生起，不永久持續，也不是自有自成的。

同樣的，**「我執」這會屠殺的敵人**看似存在，好像有其自性，自有自成，但當我們問：

「到底什麼是我執？」或者「我執一詞眞正的意義是什麼？」卻找不到我執。我們能找到的只是有相同特質的心識剎那，絕對找不到一個可以單獨劃出來的我執。

思惟這一點，就讓我們對於自己不喜歡的層面，和這些干擾我們獲得解脫和證得佛果的心所有了不同的感覺。我們在內心並未看到一個要憎恨或打擊的實實在在的敵人，只不過有一連串相似的心識剎那，我們稱之爲「憤怒」、「自私」、「我執」、「自卑」等等。

雖然有自性的人、有自性的自卑、有自性的自我中心，都好似存在，但它們並不像表面上看見的那樣存在。所有這些事物（就像一切處的一切法）都是**超越常斷**的，它們並不是有自性的存在，也不是完全不存在。它們根據因緣而以假名存在，猶如表象。它們是概念，有如鏡中反映的面孔，鏡子裡並沒有面孔，可是有一個讓我們梳頭的面孔；並沒有一個有自性的人，只有表象的存在。這個人造業並感果，這個人存在只是因爲在輪迴和解脫中，心賦予他一個假名。

常指極端的絕對論、常住論、永續論，認爲一切法眞實存在。**斷**指極端的斷滅論或虛無主義，認爲無一法存在。

也就是說，「常」把沒有的加到一切法上，「斷」則否定一切法所擁有的，「常」破得不夠，「斷」破得太多，這兩種見地顯然彼此相反，但兩者其實有同一個前提，兩者都認爲，如果一法沒有自性，就絕對不存在，而如果一法存在，就一定有自性。兩者都把「空性」和「不存在」、把「世俗有」和「自性」混爲一談。

龍樹菩薩是西元二世紀的人，當時絕大多數的思想系統都主張自性，爲了幫助人們破除這樣的邪見，他造了《中觀論頌》，其中呈現許多破斥自性的立論。同時，他也解釋緣起，顯示法是有的。當佛法傳到藏地，有人誤解空性，落入虛無，主張法既無自性，因此無一法是有的，包括空性本身也是。宗喀巴大師深入龍樹菩薩的法教，顯示緣起的立論，不同意常斷二者，甚至「緣起」一詞就破斥了兩個極端的主張。因爲一切法是相互爲「緣」，它們並非獨存或有自性——破「常」。因爲「起」，它們是「有」的——破「斷」。總之，一切法無自性，卻仍是世俗有，表象、依緣、假名。主張常見和斷見的人都無法看見空性和緣起的互補和相容，然而，當我們獲得正見，便能得見緣起或假名有。空性是一體兩面，兩者以互補的方式共存，屆時，我們將不可能墮入兩端。

一〇六

業力之輪如何能輾轉不息？
雖然業無自性，

業行和業果卻如杯水中之月影，
示現各種虛幻的偽裝，
雖只是表象，我還是會恪遵戒行。

如果事物是空性的，業力如何運作？空性並非指不存在，而是指缺乏獨存性，是緣起的。正因爲業力是空性，而且沒有自性，才能帶來果報。

如果我們的業行和業果眞眞實實存在，它們就是自我封閉的法，獨存於各種其他的因素之外。這樣一來，它們就不能隨因緣而生起，也不能產生果報。由因緣而生，指它們依著這些因緣才產生；產生果報指它們隨著因緣而改變。

如果事物都眞眞實實存在，那麼種子就不可能長成樹，嬰兒也不可能長大成人，我們更無法把各種材料混合在一起烤個蛋糕。這樣一來，既然一切法都有其獨存性，跟其他一切法無關，而且無法改變，那就沒有一件事能夠有作用了。正因爲法是空性的，才能夠有作用，正如龍樹菩薩所說：「以有空義故，一切法得成。」

有個譬喻說得好：**杯水中之月影**。水杯中沒有月亮，但由於因緣條件而顯現出月的倒影。水、月光、月亮的位置和這杯水彼此的關係，才有倒影。雖然這杯水中沒有月亮，但是月亮的倒影以虛幻的表象存在，它的存在並不同於其表象。

同樣的，**業行和業果卻示現各種虛幻的僞裝**，我們所處的一切情況，都是受我們過去世造業所影響，它們依著我們過去世所造的因，以及我們現在世一連串特定的因緣。例如「聞法活動」依著：老師的聲音、這位大師的傳承、房間、我們所能理解的語言等等，這個情況是緣起的，不是一個沒有組成元素、獨存的「聞法活動」。這包括許多瞬間即逝的刹那，雖然我們無法辨識出其中任何一項就是「聞法活動」，然而這發生了，且會帶來短程和長遠的果報。我們當然是知道的，因爲我們若把這個時間花在看電視上，自然得到不同的果報。

雖然業行和業果在世俗諦上是有的，但我們如果用根本智觀照，是找不到的。我們不可能把一個刹那或一個因素單獨分開來，說：「這是殺生的業，這是布施的業。」但只要我們不去尋求「殺生」或「布施」字詞所指涉的特定事物，還是可以談論它們，而且了解個別不同的業是什麼意思，它們只是表象，因爲我們的心根據施設的基礎來認識並施設它們。

說事物存在只是施設，並非意味我們想叫它什麼名字都可以，世俗上，在一群人裡，我們都同意某種組成型態，叫做某個特定的名字，有著特定的定義。我們同意稱黃色柑橘類水果爲「檸檬」，如果我們決定叫它「高爾夫球」，沒有人會知道我在講什麼。我說「把高爾夫球和糖混合，然後冰鎮，在熱天喝。」會被人家認爲是一派胡言，「高爾夫球」這個名字並不能滿足黃色的柑橘類水果的定義或作用。

在我們一般的認識中，快樂和痛苦眞眞實實存在，其實它們也是表象，我們一旦觀照，就不能把它單獨分離出來，加以認識。比方我說：「我很快樂。」什麼是快樂？快樂自有自成嗎？快樂在我的身中，還是心中？快樂是心王，還是心所？如果是心所，它可以單獨存在，自外於心王嗎？快樂的感受爲什麼在這個剎那生起？一定有其原因，因此它是剎那剎那變化，而且依著其他的因素而生起。

進一步而言，快樂和痛苦是由彼此的關係來施設並被認識到的。是其中之一先存在？還是由彼此相互的關係來定義？你會根據前一天感覺到比較快樂還是比較痛苦，而稱某個特定感受爲「快樂」，然後次日又稱它爲「痛苦」嗎？如果有一個健康的人，腳踝撞到柱子，他會說：「走路好痛苦。」同時，有個人的腳骨斷了，恢復了健康，雖然他還裹著石膏模子，不能走很遠，他也會說：「我走路挺自如的。」這個斷腿的人也許比撞到腳踝的人更感痛苦，但比起第一次折斷腿骨的時候，以及他所期待現在應該感受到的，還是會覺得現在算相當舒服了。

即使我們以根本智觀照，事物並非眞眞實實地存在，而且找不到，**雖只是表象，我還是**

會恪遵戒行。遵循戒行非常重要，無我和空並不是找藉口可以聽從內心衝動而行動，而是因爲業行和業果是緣起而且空無自性，我們應該密切注意我們的意業、語業和身業。了解空性的人會尊重並且密切遵循業力和業果的法則。

人們也許會說：「既然一切皆空，那想做什麼就做什麼，無善、惡可言。」這反映了對空義的誤解，以爲空是完全沒有，而且因爲把戒行拋到腦後，於是造作了感受極端痛苦的因。若對空性有正確的理解，並不會認爲空性和業力、業果衝突，而是相互兼容。事實上，對智者來說，空即緣起，緣起即空。既然遵循戒行是最必須了解的緣起，智者是非常尊重戒行的。

一〇七

夢境中世界末日山火焚燒，
灼熱令我害怕，雖然山火並無自性。
同樣的，雖然地獄道等並無自性，
但由於山火熔化、燒毀等令我畏懼，我會防範（不善行）。

當我們夢見世界末日來了，大火吞沒一切，我們看到烈焰，感到高熱，雖然夢裡並沒有眞正的火。火、熱和我被灼燒的表象是存在，但是眞正的火、熱和我並不存在。夢裡既然看似眞實，於是我們執以爲眞，把這些當做眞的來反應，它們其實只存在於虛幻的表象層面。

同樣的，靠著螢幕像素，人物出現在電腦螢幕上，眞的有人嗎？沒有！我們把他們當眞的來反應嗎？是的！我們看到難民逃離暴力和伊波拉病毒的村落，心中難過；看到野生長頸鹿和幼獅，則心曠神怡；我們看到情境喜劇中的滑稽動作，又捧腹大笑。其實，這些螢幕上的種種都不是眞實存在，只是表象，然而這些虛幻的表象可以引發我們內心的情緒。一旦知道更多這些人和動物的現況，便產生保護他們的想法，這常常激勵我們採取行動，而且伸出援手。

做夢時，夢裡的人和環境看似是眞實的。觀賞影片時，其中的人物和行動亦看似眞實。同樣的，當我們聽聞開示，老師、自己和聽眾看似眞正存在。然而，正如惡夢裡的火和螢幕上人物的表象，沒有眞正的火，也沒有眞正的人，只有人在聽聞開示的表象，但是沒有眞正存在的人。這意味著沒有人嗎？不是的，世俗有、只在表象層次的人，參加一個緣起的上師的開示。

夢境和螢幕只是譬喻，但是我們不必想得太遠，這些譬喻都有個目的，就是指出這些是虛幻的。然而有夢境中的火和一起聆聽開示的人有個不同之處，夢境中的火並沒有燃燒的作用，電腦螢幕上的人也不能和我們握手，然而和我們同在教室裡的人，可以握手。他們感受到快樂和痛苦，我們的行動會影響他們，然而，他們是看似眞實，實則虛幻。

雖然地獄道等並無自性，作用仍有，會令眾生痛苦，如果我們胡作非爲而犯戒，就會感得苦報，因此，**由於山火熔化、燒毀等令我畏懼，我會防範（不善行）**，尊重業力和業果的作用。

人類可以看到動物，知道畜生道的確存在，而且有眾生投生在那裡，那麼，地獄道、餓鬼道和天道眞的存在？還只是和螢幕上、夢境中的人物一樣，是個幻象呢？那些環境和身在其中的有情眾生就和人道一樣「眞實」和「不眞實」。當眾生的心執著自性，就會投生在那些道，每件事對他們來說都完全眞實，他們也執著每件事和每個人都是有自性的。然而，在其他道的人和環境就像在人道的我們，都空無自性。因爲執著有，我們才會受苦。

雖然人們和環境存在的方式並不如表象，本頌與前頌一樣，重點在於遵行因果作用的重要性。即使地獄道並不眞實存在，在世俗諦上，有情眾生還是因爲不善業而投生在那一道。同樣的，人道雖然並不眞實存在，有情眾生還是會因爲善行的力道而投生人道。

一〇八

當我感染熱病神志不清時，雖然並不黑暗，
卻覺得墜入無底黑洞，
雖然，無明等並不真實存在，
我將運用三種智慧，驅除無明。

由於身體四大不調而**感染熱病神志不清時**，就好似**墜入無底黑洞**，雖然感覺眞實，只要我們知道這是虛假的表象，就不會恐懼。同樣的，當我們情緒不好，看周遭的人特別粗魯和嚴苛。當我們灰心喪志，對過去覺得有趣的活動，看不出丁點趣味，而且很沒勁。日常生活的例子告訴我們，心的力量可以創造經驗。我們所遭遇的情況和對境並不是「確有其事」的客觀存在，如同原先相信的一樣。當我們內心執著這些表象具自有自成的本性，它的影響就很大。我們會想：「這個人本來就是個大傻瓜。」或者：「這個人眞棒！」這些人如果跟我們當時看起來那樣客觀存在，那麼每個人都會對他們有同樣觀感，然而並非如此。我們喜歡的人，別人看起來可能很無趣；我們討厭的人，別人又特別愛他。只要不再執著這些虛幻的表象是眞實的，我們內心就平靜了，而且用平等心來看待他人。

一切輪迴中的表象（連生死輪迴的根源：無明）都沒有自性，無明和輪迴也彼此相依，它們在因果上相依並且彼此相關，因此它們不是自有自成的存在。無明之所以存在，是根據一連串我執的心識刹那而施設，輪迴之所以存在，是根據六道和十二緣起而施設的。

正因爲無明和生死輪迴空無自性，才可以去除。「無明」執著有自性，其實根本沒有自性，這個可以經由三**種智慧**來理解：聞慧、思慧和修慧。聞慧是經由聽聞、閱讀、鑽研空性的法教。根據聞慧，思慧把我們聽聞而來的，對空義培育正確的概念性理解。接著，我們將心專注在空性上，直到直接識知它，不再用概念的表象做爲媒介，這樣就培育了修慧。這個「智慧」知道法無自性，與「無明」錯誤的認識相左。當我們內心串習了這些智慧，就可以切斷層層無明，直到無明究竟根除，屆時，根據無明而來的煩惱不再生起，也不再造生死輪迴的業，於是生死輪迴就到了盡頭，證得涅槃。

一〇九

樂師彈奏美好的樂曲時，
在觀照之下，樂音並無自性。
若不觀照，優美的樂音依然可聞，

且能撫慰眾生的心苦。

音樂家彈奏美好的樂曲時，樂曲在哪裡？樂曲又是什麼？在樂器裡面嗎？在音樂家裡面？還是在空間中的聲波或碰到耳朵的聲波？這首樂曲是一個音符，還是一連串音符的聚集？**在觀照之下，樂音並無自性**，但是這首樂曲依然存在——**若不觀照，優美的樂音依然可聞**，個別的聲音依於因緣而生起，只要它們以特定的順序生起，就形成一首樂曲。雖然在觀照之下，找不到聲音或樂曲，但它們還是有作用——**能撫慰眾生的心苦**。

另一方面，如果音樂家、音符、樂曲有自性，如其表象，它們如何能把喜悅帶給大眾？有音樂家可以不靠樂器？樂曲可以不靠音樂家演奏？樂器可以自行演奏而不需要音樂家或一首樂曲？這是主張自有自成的邏輯難題。

一一〇

同理，若仔細觀照因果，
發現它們本來無論是一或異，都沒有自性，
萬法生生滅滅，栩栩如生，

看似真實，我們在其中體驗各種苦樂。
因此，在這幻相中，我會恪遵戒行。

跟樂曲的例子一樣，當我們以根本智觀照業行及其業果（看它們如何存在，以及它們的究竟本性爲何），我們發現它們空無自性。當我們想要精確認識一個業行及其業果是什麼，我們找不到獨立於彼此和其他一切法之外的法，相反的，我們只看到它們的空性，這個空性和世俗有的業行及其業果並不衝突，由於它顯示業並無自性，全根據其他因素而生起，譬如它們本身的因和緣，空性支持了業並與業相輔相成。

如果業行有自性，它就必須是本來是一，或本來是異，沒有其他選項：不可能同時是一和異。我們來看一個出於憤怒而對別人惡口的例子，惡口的業行本來是一件事，還是許多件事？有許多因素促成這個業行——認識另一個人的面孔、他的聲音、我們的想法（「他不能這樣對我說話！」），然後，還有把這個人放到這個位置的動機、很快思考我們如何以最能傷人話語來反應，我們的嘴巴張開、把話說出來、完成一連串憤怒的字眼、對方聽到。這樣觀照之後，我們看到，惡口的行爲並沒有精確、定義完整的界線，而是一連串不同的事件。

如果惡口的行爲不是一，那是異嗎？如果是異，爲什麼我們說它是一件惡口的行爲？再者，如果惡口是異，多數中的哪一件才是？

當我們觀照自己的行爲或業行，會看到它不是一件本來是一或本來是異的行爲，而是空無自性的。然而它們相互爲緣而存在，靠著各種不同事件的集合而施設。同樣的，我們的果報——舉例來說，我們所感受到苦與樂——既非本來是一，也非本來是異，雖然我們無法隔離出有自性的因和有自性的果，因果法則仍然運作。我們從經驗知道，某些特定的行爲會帶來某些特定的果報。因此，我們應該遵行業力法則及其業果。

西藏的的詞語在這裡翻譯成一**或異**，也可以翻譯成「同一或不同」，這就在於觀照「施設的對象」（舉例來說，一件行爲）與其「施設的基礎」（它的許多組成元素）之間的關係。施設的對象和施設的基礎完全相同，還是完全無關和分離？同樣的觀照也可以應用於業果，苦樂的經驗是業行的果報。這些感受和施設的基礎是同一，還是完全不同？

讓我們來想想捐款給慈善機構的布施行爲。如果這個行爲有自性，它應該在其施設的基礎（業行的組成元素）上找得到這個行爲，譬如其意樂、施物、受施者、加行、究竟，要不然就和以上組成元素截然分離。說到自性，這又是沒有其他的選項：我們詳細探究，找不到捐款的布施行爲只有一個因素：布施不同於意樂或施物或受施者、加行等等。布施並不同於這個行爲的任何組成元素，拿著施物、伸出手、給出施物，布施行爲也不能與以上元素完全分離。當我們觀照並見到一法並非本然是一和同一，也非本然與施設的基礎相異，我們便可以很穩當得到結論：它們並無自性。

當我們把同樣的觀照應用到果（因慷慨布施而感到快樂的業果），我們無法在任何樂受的單一心識刹那中找到「快樂」，快樂也不能和心識刹那完全分離，因此快樂空無自性。

我們也可以觀照因和樂果的關係。在業行發生時，快樂就存在了嗎？如果是，因果便同時存在，看起來不可能。那麼，快樂是從一個與業行完全無關的行爲生起的嗎？不對，這是無法確定的，因爲這樣一來，任何業行都可產生快樂了，當然不是這樣。那麼，快樂本來就同時存在於因行和無關因行的法嗎？不對，這也沒有道理。生起快樂無因嗎？當然也不是，事件結果並不是隨機發生的。看到這個快樂的果報無法在以上各種方式而成爲自性有，我們便可下結論，它們沒有自性。然而，我們會感覺到快樂和痛苦，這些果報的確是有的。

我們不會在春天裡播種莊稼，同時卻認爲什麼也長不出來。我們種莊稼，是因爲我們知道種子會產生植物，種玉米得玉米，種雛菊得雛菊。同樣的，我們希望創造未來生命的因，要在未來世「生長」快樂，現在就必須從事善行，如果希望得到解脫和成佛的果報，現在就必須「種植」福德和智慧的種子。我們不會作此想：「每一件事都是隨機的，所以我們現在把什麼種子播在地裡，都沒關係。」同樣的，我們必須非常謹慎自己在心流中種下的是什麼業因。

業行及其果報、因、緣在複雜中互相牽涉：**萬法生生滅滅**。我們出生，然後死亡。人際關係會發生，會改變，會分開，然後又展開新的關係。這些事情**生生滅滅**，但沒有一件是自我封閉且客觀存在的事件，我們的樂受、苦受和捨受，都不是自有自成，而是依因待緣而生。只要我們以根本智觀照，根本無跡可求，但只要不觀照，它們仍然現起而且有作用。

一一一

當一滴水一滴水注滿水桶時，
既不是最初一滴水的功勞，
也不是最後幾滴水、或個別的水滴所注滿。
而是由眾緣和合而成。

一一二

同理，苦樂的〔業〕果也是如此，
果報既非來自因的最初剎那，

也非因的最後剎那。
苦樂的果報是由於衆緣和合而成。
因此，在這幻相的世界中，我將恪遵戒行。

一**滴水注滿水桶**的例子，說明了因果相依的本性。因和果都不是孤立的自我封閉實體，但是兩者都存在，且有作用。一滴水——無論是第一滴、最後一滴，還是中間的一滴——都不能注滿水桶。水桶會滿，是因爲靠著許多滴的水，所有這些水滴都應該現起，如果其中有一滴不見了，水桶就注不滿。

同理，一個行爲的果報——苦樂的果報——並非只由於因行的最初一個剎那、最後一個剎那，或其間的任何一個剎那，而是一切因的能量的心識剎那和造成這個行爲的各種因素，以它們獨特的組合，才能產生特定的樂果或苦果。當我們想到無數複雜的因緣和合成自己經歷的每一個剎那，著實令人難以置信。

我們第一個對於業行和業果的啓蒙，都非常簡單。父母告訴我們：「在沙坑裡玩，如果你把沙擲到人家臉上，人家也會把沙子扔到你臉上，所以不要對別人做自己不願經歷的事。」然後，這樣的解釋就擴大到未來世：「如果你對他人惡口，未來世就會有人對你惡口。」我們就知道，業力和業果不是以牙還牙，以眼還眼的事，總是指涉同一些人。我們所說的惡口會在心流中種下一個種子，在未來世有時候會聽到惡口。然而，出口批評我們的人並不見得是我們評斷的那個人，很可能是他人，因爲還有許多其他的因緣必須和合，業種才會成熟、感果。

業行和業果的作用一點也不僵化，因緣使它們有變化的空間，因此我們選擇置身的環境和去做的行爲就非常重要了，因爲這會影響哪些業力成熟感果。如果有一個人在前世嚴重傷害他人的身體，在他的心流裡就種下一個業種，可能以發生車禍的方式成熟，例如他酒醉駕車，就創造了業果成熟的助緣。另一方面來說，如果他做了淨化修行，就可以防止業果成熟，而且減低嚴重性，也許業力就以他絆倒的方式成熟。

我們受到了惡口的對待，只是一個果。前面解釋過，如果我們說惡口，有意樂、加行、究竟，也會成熟而投身於某一道，或習性傾向於惡口，或居住在某種環境。業果的作用非常複雜，而且有許多因素涉入，唯有一切相智的佛才知道哪些特定的因緣會引起某一特定或一連串的果報。

本頌再次強調，雖然樂果和苦果空無自性，仍相互依存。造因和感果都在空性的領域之中。我們的體驗來自所造的因，因此必須注意言行，認知它們有道德上的層面，未來能擁有什麼命運、想要解脫輪迴、證得佛果，就要造什麼因，全掌控在我們的能力範圍。在經文中，佛陀解釋了每一條道路的因，偉大的印度大師加進具體細節，偉大的西藏大師把這些法教系統化，又進一步造論。我們很幸運，能值遇殊勝的法教，就看自己如何學習、修行解脫之道的指導了。

綜上所述，我們學到必須造投生善道的因，包括了皈依三寶、不行十不善業、行十善業。解脫之因是戒定慧三學，成佛之因則是從事六度（布施、持戒、安忍、精進、禪定、智慧）最後就是密宗之道。

一一三

啊！只要不觀照，一切都非常愉悅。
幻有的世界沒有實性；
卻現起如真真實實的有。
實相甚深，愚劣的人要見到並非易事。

我們**只要不觀照**，世俗的事物使用起來和感受起來，都非常愉悅，我們可以談論誰採取行動、那行動，還有行動的對象。譬如有投手、有球棒、有棒球。有朋友、有過癮的聊天、有要執行的計畫、有一起完成計畫的人。所有這些日常生活中的事物都有作用，我們談論著它們。

然而我們一旦觀照，**幻有的世界沒有實性**。我們走進一個房間時，桌上的蘋果看起來很眞實，自有自成，然而我們若以根本智觀照蘋果，想知道它是什麼、如何存在？就會看到它沒有可供識別的實質。如果蘋果找得到實質，那麼我們越檢驗它，本性就會變得更明顯，然而事情正好相反。當我們問：「蘋果是皮嗎？還是核？還是果肉？是頂端？還是底端？」我們認不出任何一部分是蘋果，它們只是組成元素，沒有哪一部分可說是蘋果，但**只要不觀照**，我們會說：「這裡有一個蘋果給你吃。」另外一個人會知道我們在說什麼，然後高高興興把蘋果吃了。

蘋果的存在，依靠許多組成元素和原因，所有這些都「非蘋果」。有如此多「非蘋果」的元素，以特定的組合方式，只是假名施設，蘋果突然就出現了，多麼奇怪啊！蘋果出現，卻空無自性；它空無自性，卻仍然顯現，**實相甚深，愚劣的人要見到並非易事**。

我們身體、情緒、念頭和意見也是一樣，看起來非常眞實，這些我們相信必須保護不受到傷害的事物，如不觀照，便會幻現，若以根本智觀照，又無跡可尋。「我」和「我的」也是一樣：它們看似眞實而且重要，但只要去確認它們究竟是什麼，就消失不見。一旦深刻理解到這一點，內心會有一個新發現的廣闊空間。

一一四

當我們等持修三昧，
除了這幻現的世俗諦，還有什麼是確定有的？
什麼有？什麼無？
何處有「有」宗、「無」宗？

心在**等持修三昧**中，這是一個特別專注於無自性空的止（三摩地）觀（毗婆舍那）等持的境界。這是無二的禪修境界，沒有能、所的顯現——「能觀」的心認識另外一個「所觀」的所緣境，此處指空性。這無二的禪修境界不會現起自性或世俗法，也沒有概念的顯現，因爲直接識知空性的等持是完全沒有概念的心。

在這之前，一切法對我們來說都是眞實有，當行者在這個禪修境界，直接識知到沒有眞正的自性，心中唯一出現的就是空性。識知到的只有空性，沒有自性，「心」和「境」如水澆到水上，完全融合分不開。這極度平靜、穿透性的智慧境界可去除輪迴的根：無明。

雖然無二禪修的境界並不感知世俗的種種所緣境，並不意味它們就不再存在了，而是因爲世俗法並不在不二智慧的範疇之內。舉例而言，我們的耳識不能識知顏色，但這並不排除顏色的存在，因爲顏色並非耳識的所緣境，而是眼識的所緣境。同樣的，世俗法並非根本智觀照或直接識知空性的所緣境，這些勝義的心識並不排除世俗法，只排除了它的自性。正如《心經》所說：「無眼耳鼻舌身意」等，指見道的等持，第一次直接、非概念性的識知空性。對心來說，其他的法都不出現。然而當行者從修空性的等持中下座，世俗法又會出現。

在行者直接證得空性之前，他們相信每一法（人、現象、輪迴、涅槃）都是自性有。只要直接識知空性之後，便認識到這並不眞實，而且從來不是，也就是說，識知空性並不會令一切法空無，一切法永遠都沒有自性，只是其勝義的本性現在才爲人所知。然而當這些行者（現在稱爲聖人的）從等持出定後，又會再現起能、所的幻相，也現起自性和世俗的幻相。雖然聖人下座之後，事物看似有自性，他們卻不會同意這個幻相，執著它們有自性，因此極不可能在心裡生起貪心、瞋心、無明、嫉妒和其他煩惱。

什麼有？什麼無？無自性空是有的，因爲有根識無誤的能觀者理解勝義諦。世俗諦是幻有，看似有自性，其實沒有，但被世俗的根識無誤的能觀者理解爲有。然而自性是沒有的。

何處有「有」宗、「無」宗？指龍樹菩薩說他沒有立宗。許多人誤解這個陳述，以爲中觀並不相信任何事情，根本沒有正面表述，只一味破斥，這並不正確，其實龍樹菩薩不會立有自性的宗，他所立的一切宗，都只存於世俗諦。

一一五

無「所」，無「能」，也無〔法的〕究竟本性，
無戒德，也無邊見戲論。
因此，我若能用無造作的覺性，
自然安住這常住、與生俱來的境界，便可任運成為摩訶薩埵。

回顧一下，雖然無一法有自性，但在世俗諦確實有；如果不用根本智觀照，它們歷歷如繪，**無**（**有自性的**）「**所**」，**無**（**有自性的**）「**能**」，甚至也沒有空性，即**究竟本性**，也沒有自性。一切眞實有的**邊見戲論**從未存在，也不會出現在等持修行空性的心當中，因心正在識知勝義諦。道德準則依著名言和概念，也不會出現在等持空性的心上，然而他們存在於世俗諦，而且被世俗、根識無誤的能觀者建立起來，雖然**戒德**並沒有自性，仍是緣起的存在。就

像我們前面討論過的。善行和不善行是根據他們所帶來的樂果或苦果而施設的。

有些人誤解了空性的意義，以爲既然戒德並沒有自性，那麼一旦識知了空性，我們就不需要遵循道德準則了。這些人就任意妄爲，耽溺於反世俗的行爲，誤認自己是自由的。他們「自由地」造了投生惡道之因。他們在這一世製造了亂象，也爲未來世帶來苦果。法護尊者要遏止這一點，在前面的頌文特別述說了持守戒行和道德的重要性，雖然在勝義諦上，善行和不善行是空性的，但在世俗諦還是有作用，而且毫無爭議，造因會帶來果報。

因此，若能用無造作的覺性，不會杜撰自性，**自然安住這常住、與生俱來的境界**，沒有取著、執愛、概念，於是我們就成爲**摩訶薩埵**，眞俗無礙，沒有輪迴的業；沒有煩惱障、所知障。

一一六

修行世俗菩提心

〔並〕修行勝義菩提心，

願無礙圓滿福慧二資糧，

圓滿自利利他行。

法護大師在本頌給我們最終的忠告和鼓勵，對成佛之道，要聞、思、修、證。**修行世俗菩提心**（發心要最切實利益眾生而成佛）並**修行勝義菩提心**（直接識知空性的智慧），我們便會**無礙圓滿福慧二資糧**，佛果就是**圓滿自利利他行**兩個目標。

自利的目的，指成就佛的法身，即一切相智，沒有一切障礙，直接認識一切世俗法和勝義法。利他的目的指報身，即佛的示現以利益眾生。有了報身，佛就能引導眾生到世俗或勝義的快樂，尤其是教導眾生佛法，這樣，報身便完成了利他的目的。

佛教徒的修行，包括為自他的目標和幸福而努力。凡常的觀點，認為自己的快樂和他人的快樂是兩回事——如果他人有好東西，我就沒有了。我們相信，既然享樂的目標是有限有量的，如果別人得到很多的財富或置身於很好的情況，我們就沒有了。凡常的心也認為，如果為他人的福祉而努力，就必須犧牲自己的幸福，身處於苦況——為自己的利益打拚和為他人努力是有衝突的。這個觀點非常狹隘，執著它會使我們陷入一所自我打造的囚牢。其實善和智慧沒有限量，不是說，別人有，我就沒有了。反而是，善和智慧越浩瀚，我們擁有的就越多。越珍視他人，越為他人的福祉而努力，我們就會越快樂。十方三世佛努力度化眾生，他們的幸福和大樂，比起只尋求自己福祉的凡夫殊勝太多了。

14

末義：感恩之情

這部法本名為《命中仇敵要害的利器之輪》，由偉大的法護大師——聞思修證具足的瑜伽大師——根據上師的言教所造。大師在猛獸環伺的叢林裡造論，在五濁惡世的可怖叢林裡修行。

他把法教傳給阿底峽。阿底峽為了調伏剛強難化的有情眾生，在有情眾生所在的十方世界，承擔了這個修行。阿底峽經實修生起證悟，而說出以下的偈頌：

我捨國政苦行時，積累福德謁師尊，
得此甘露法灌頂，今能對治續法脈。
我於宗派無偏頗，展露智慧博學時，
雖見無量稀奇相，覺此法方利濁世。

阿底峽在印度和西藏有不可思議數量的弟子，將法傳予堪為法器的高足優婆塞仲敦巴。他受到許多本尊的預言，如薄伽梵度母，傳這個法是為調伏西藏的剛強難化眾生，西藏是一個化外之地。法父（阿底峽）和法子（仲敦巴）是這個法本的學者和翻譯者。

阿底峽（傳法教）予仲敦巴，（又傳予）搏多瓦（Potawa），再根據傳承，傳予夏惹巴（Sharapa）、切喀瓦（Chekawa）、戚布巴（Chilbupa）、拉千波（Lha Chenpo）、拉卓威貢波（Lha Drowai Gonpo）、窩鳩巴（Ojopa）、堪布馬爾丹（Khenpo Marten）、喜饒多傑堪布（Kenpo Sherap Dorje）、佛寶（Buddharatna）、稱戒（Kirtishila）、甲瓦桑波（Gyalwa Sangpo）、努卻龍巴索南仁欽（Nup Cholungpa Sonam Rinchen），再從他傳到我雄努甲秋工秋蚌（Shonu Gyalchok Konchok Bang）。

此法本屬法護大師修心〔法教〕傳承。

雖然眾生忙於尋求欲樂，走避痛苦，卻常感生命沒有目的。他們無法認識自己熱惱的根源，不自覺去尋求比自我更大的東西，因此參加這個、那個運動，深入這個、那個學習領域，要不然就在外在力量圍著自己團團轉時，載沉載浮。我們多麼幸運能值遇佛陀的法，讓生命對自己和他人都有意義。

讀完這個末義，非常感謝無數無量的眾生給我們機會，從佛陀開始，他用大慈大悲的心轉法輪。許多印度的聖者受持此法、教導此法，然後傳到了法護大師。他又傳給阿底峽，阿底峽再把法帶到西藏，然後開始了噶當巴的傳承，此一傳承專精於修心的法教。此法又傳了幾個世紀，然後傳到現代大師，現在傳給我們。

願我們對佛陀和聖者聞思修證並教導這個修心的法教，一直心存感謝，精勤修行，並與他人分享，傳遞下去。

願我們修學的功德，感果於上師的長壽和健康，願他們慈悲教導並引導我們，直到出離輪迴，願佛法永保純粹，願各處的行者和諧相處，互相支援。願有情眾生早日證成佛果。

橡樹林文化 ❖❖ 善知識系列 ❖❖ 書目

JB0120	覺醒的明光	堪祖蘇南給稱仁波切◎著	350 元
JB0121	大圓滿禪定休息論	大遍智　龍欽巴尊者◎著	320 元
JB0122	正念的奇蹟（電影封面紀念版）	一行禪師◎著	250 元
JB0123	一行禪師　心如一畝田：唯識 50 頌	一行禪師◎著	360 元
JB0124	一行禪師　你可以不生氣：佛陀的情緒處方	一行禪師◎著	250 元
JB0125	三句擊要： 以三句口訣直指大圓滿見地、觀修與行持	巴珠仁波切◎著	300 元
JB0126	六妙門：禪修入門與進階	果煜法師◎著	360 元
JB0127	生死的幻覺	白瑪桑格仁波切◎著	380 元
JB0128	狂野的覺醒	竹慶本樂仁波切◎著	400 元
JB0129	禪修心經——萬物顯現，卻不真實存在	堪祖蘇南給稱仁波切◎著	350 元
JB0130	頂果欽哲法王：《上師相應法》	頂果欽哲法王◎著	320 元
JB0131	大手印之心：噶舉傳承上師心要教授	堪千創古仁切波◎著	500 元
JB0132	平心靜氣：達賴喇嘛講《入菩薩行論》〈安忍品〉	達賴喇嘛◎著	380 元
JB0133	念住內觀：以直觀智解脫心	班迪達尊者◎著	380 元
JB0134	除障積福最強大之法——山淨煙供	堪祖蘇南給稱仁波切◎著	350 元
JB0135	撥雲見月：禪修與祖師悟道故事	確吉・尼瑪仁波切◎著	350 元
JB0136	醫者慈悲心：對醫護者的佛法指引	確吉・尼瑪仁波切 大衛・施林醫生 ◎著	350 元
JB0137	中陰指引——修習四中陰法教的訣竅	確吉・尼瑪仁波切◎著	350 元
JB0138	佛法的喜悅之道	確吉・尼瑪仁波切◎著	350 元
JB0139	當下了然智慧：無分別智禪修指南	確吉・尼瑪仁波切◎著	360 元
JB0140	生命的實相——以四法印契入金剛乘的本覺修持	確吉・尼瑪仁波切◎著	360 元
JB0141	邱陽創巴仁波切 當野馬遇見上師：修心與慈觀	邱陽創巴仁波切◎著	350 元
JB0142	在家居士修行之道——印光大師教言選講	四明智廣◎著	320 元
JB0143	光在，心自在 〈普門品〉陪您優雅穿渡生命窄門	釋悟因◎著	350 元
JB0144	剎那成佛口訣——三句擊要	堪祖蘇南給稱仁波切◎著	450 元
JB0145	進入香巴拉之門——時輪金剛與覺囊傳承	堪祖嘉培珞珠仁波切◎著	450 元
JB0146	（藏譯中）菩提道次第廣論： 抉擇空性見與止觀雙運篇	宗喀巴大師◎著	800 元

善知識系列　JB0147

業力覺醒：揪出我執和自我中心，擺脫輪迴束縛的根源

Good Karma: How to Create the Causes of Happiness and Avoid the Causes of Suffering

---

作　　者／圖丹．卻准（Thubten Chodron）
中　　譯／雷叔雲
責任編輯／鄭兆婷
業　　務／顏宏紋

總 編 輯／張嘉芳
出　　版／橡樹林文化
城邦文化事業股份有限公司
104 台北市民生東路二段 141 號 5 樓
電話：(02)2500-7696　傳真：(02)2500-1951
發　　行／英屬蓋曼群島商家庭傳媒股份有限公司城邦分公司
104 台北市中山區民生東路二段 141 號 2 樓
客服服務專線：(02)25007718；25001991
24 小時傳真專線：(02)25001990；25001991
服務時間：週一至週五上午 09:30 ～ 12:00；下午 13:30 ～ 17:00
劃撥帳號：19863813　戶名：書虫股份有限公司
讀者服務信箱：service@readingclub.com.tw
香港發行所／城邦（香港）出版集團有限公司
香港灣仔駱克道 193 號東超商業中心 1 樓
電話：(852)25086231　傳真：(852)25789337
Email: hkcite@biznetvigator.com
馬新發行所／城邦（馬新）出版集團【Cité (M) Sdn.Bhd. (458372 U)】
41, Jalan Radin Anum, Bandar Baru Sri Petaling,
57000 Kuala Lumpur, Malaysia.
電話：(603) 90578822　傳真：(603) 90576622
Email：cite@cite.com.my

封面設計／兩棵酸梅
內文排版／歐陽碧智
印　　刷／中原造像股份有限公司

初版一刷／ 2021 年 3 月
ISBN ／ 978-986-99764-6-6
定價／ 420 元

城邦讀書花園
www.cite.com.tw

國家圖書館出版品預行編目（CIP）資料

業力覺醒：揪出我執和自我中心，擺脫輪迴束縛的根源／圖丹．卻准（Thubten Chodron）著；雷叔雲譯．-- 初版．-- 臺北市：橡樹林文化，城邦文化出版：家庭傳媒城邦分公司發行，2021.03
面；　公分．--（善知識系列；JB0147）
譯自：Good karma : how to create the causes of happiness and avoid the causes of suffering
ISBN 978-986-99764-6-6（平裝）

1. 佛教修持 2. 因果

225.7　　110003320

廣　告　回　函
北區郵政管理局登記證
北台字第 10158 號

郵資已付　免貼郵票

104 台北市中山區民生東路二段 141 號 5 樓

城邦文化事業股份有限公司

橡樹林出版事業部　收

請沿虛線剪下對折裝訂寄回，謝謝！

|橡|樹|林|

書名：業力覺醒：揪出我執和自我中心，擺脫輪迴束縛的根源

書號：JB0147

橡樹林文化

讀者回函卡

感謝您對橡樹林出版社之支持，請將您的建議提供給我們參考與改進；請別忘了給我們一些鼓勵，我們會更加努力，出版好書與您結緣。

姓名：＿＿＿＿＿＿＿＿＿＿ □女 □男 生日：西元＿＿＿＿＿年

Email：＿＿＿＿＿＿＿＿＿＿＿＿＿＿＿＿＿＿＿

●您從何處知道此書？

□書店 □書訊 □書評 □報紙 □廣播 □網路 □廣告 DM □親友介紹

□橡樹林電子報 □其他＿＿＿＿＿＿

●您以何種方式購買本書？

□誠品書店 □誠品網路書店 □金石堂書店 □金石堂網路書店

□博客來網路書店 □其他＿＿＿＿＿＿

●您希望我們未來出版哪一種主題的書？（可複選）

□佛法生活應用 □教理 □實修法門介紹 □大師開示 □大師傳記

□佛教圖解百科 □其他＿＿＿＿＿＿

●您對本書的建議：

＿＿＿＿＿＿＿＿＿＿＿＿＿＿＿＿＿＿＿＿

＿＿＿＿＿＿＿＿＿＿＿＿＿＿＿＿＿＿＿＿

＿＿＿＿＿＿＿＿＿＿＿＿＿＿＿＿＿＿＿＿

＿＿＿＿＿＿＿＿＿＿＿＿＿＿＿＿＿＿＿＿

＿＿＿＿＿＿＿＿＿＿＿＿＿＿＿＿＿＿＿＿

我已經完全瞭解左述內容，並同意本人資料依上述範圍內使用。

＿＿＿＿＿＿＿＿＿＿（簽名）

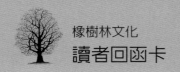

處理佛書的方式

佛書內含佛陀的法教，能令我們免於投生惡道，並且爲我們指出解脫之道。因此，我們應當對佛書恭敬，不將它放置於地上、座位或是走道上，也不應跨過。搬運佛書時，要妥善地包好、保護好。放置佛書時，應放在乾淨的高處，與其他一般的物品區分開來。

若是需要處理掉不用的佛書，就必須小心謹愼地將它們燒掉，而不是丟棄在垃圾堆當中。焚燒佛書前，最好先唸一段祈願文或是咒語，例如唵（OM）、啊（AH）、吽（HUNG），然後觀想被焚燒的佛書中的文字融入「啊」字，接著「啊」字融入你自身，之後才開始焚燒。

這些處理方式也同樣適用於佛教藝術品，以及其他宗教教法的文字記錄與藝術品。

ཡི་གེ་ཉི་ཤུ་རྩ་དྲུག་པ་འདི་དཔེ་ཆའི་ནང་དུ་བཞག་ན་དཔེ་ཆ་དེ་ཅི་འདྲར་
བགོམས་ཀྱང་ཉེས་པ་མི་འབྱུང་བར་འཇམ་དཔལ་རྩ་རྒྱུད་ལས་གསུངས་སོ། །

此咒置經書中　可滅誤跨之罪